AF455047

Vues
POLITIQUES
HISTORIQUES.

Vues
POLITIQUES

DÉDIÉES

A M. le Vicomte de Châteaubriand,

PAR

Le Cte Alfred de la Guéronnière.

LIMOGES,

CHEZ BLONDEL, IMPRIMEUR-LIBRAIRE ET LITHOGRAPHE,

RUE DU CONSULAT, 15.

1840.

PRÉFACE.

Ce n'est pas sans hésitation que je me suis décidé à publier les quelques réflexions dont se compose ce Livre. Il n'entrait pas dans mes vues de tenter jamais l'épreuve d'un ouvrage de quelque étendue. Obligé, pendant quelque temps, d'assister, spectateur attentif, au triste spectacle des affaires publiques, je m'étais borné à remplir, avec tout le zèle d'une scrupuleuse conviction, la mission qu'impose la presse; je suis allé jusques à l'extrême limite des efforts et des sacrifices; ma tâche est remplie, il ne m'en reste que les épines. A d'autres l'obligation de défendre le drapeau à l'avenir. L'œuvre que je présente au public, aujourd'hui, est conforme aux idées que j'ai exprimées en plusieurs occasions, surtout dans la *Gazette du Centre*, dont je fus le fondateur. Les Lecteurs qui pourront en reconnaître quelques-unes, voudront bien me pardonner de les reproduire de nouveau. En payant mon dernier tribut à l'opinion que j'ai eu l'honneur de représenter, qu'il me soit permis de montrer à mes compatriotes quelques-unes des assises de l'édifice auquel je travaillais. Au surplus, en répétant beaucoup de pensées déjà exprimées par moi, j'ai dû les présenter sous un nouveau jour, avec de grandes modifications, non dans l'esprit, mais dans la forme. Les convictions de l'homme, qui a une foi politique, sont constantes, et ne peuvent se modifier. Mais les idées exprimées dans une Gazette, passant dans un Livre, doivent se présenter avec d'autres développements, avec un nouvel habit; car rien ne ressemble moins au cadre d'un article de Journal, que celui d'un Livre. Pour ôter aux questions que je traite la monotone stérilité qui s'attache à la politique, dans un temps où les Journaux semblent fermer le champ aux Ouvrages de longue haleine, j'ai essayé de les vivifier par des rapprochements historiques. J'évite au Lecteur, autant qu'il m'est possible, l'ennui de vaines et fatigantes dissertations, et lorsqu'elles se présentent, c'est toujours en les éclairant du flambeau de l'Histoire, qui agrandit la scène de ses aspects sublimes, et de ses enseignements, écho vibrant du passé et moniteur de l'avenir. C'est donc de la Politique historique que j'ai voulu faire; je n'ai pas la prétention d'avoir réussi. Une pareille tâche eût exigé un voyageur plus robuste que je ne le suis, un de ces esprits mûris par de fortes études, par la contemplation des choses de la terre, à ce point de ployer sous le fardeau de l'expérience et de la moisson des événements passés. Tel est le télescope avec lequel il faut plonger le regard dans l'Histoire des peuples; et puis, quant à travers le pêle-mêle des institutions, de la chute des Empires, des nouveaux établissements élevés sur leurs ruines, on a bien vu tous les ressorts, toutes les causes secrètes et patentes, moteurs des événements des révolutions; alors, seulement, il est permis d'aborder les hautes questions sociales; alors, seulement, on peut y jeter une lumière utile à la société. C'est de la sorte que Châteaubriand a atteint une si prodigieuse hauteur. Il a centuplé son génie des forces de la science et d'études gigantesques. Humble pèlerin, je commence une route pleine de périls. Guidé par un grand principe, puissé-je ne pas être écrasé par les difficultés qui se présenteront. Qu'il vienne en force à ma faiblesse, ce principe régénérateur ! Qu'il fasse passer dans mes paroles l'enthousiasme qu'il m'inspire ! Quand, l'histoire à la main, on le suit à travers ses glorieux développements ; comment, si la dernière lueur de sentiment national n'est pas éteinte, ne pas gémir sur le vide de son absence! Depuis la disparition de ce qui faisait la conscience de l'ancienne société française, voyez le torrent de maux qui s'est précipité sur notre patrie; et aujourd'hui, après tant de luttes, après l'exil de ce principe, qui viendra restaurer la société et la relever du grand naufrage dans lequel elle s'est abîmée ? Le ressort des grandes choses, des beaux dévoûments, des actions énergiques, est brisé; le présent est languissant, plein de tourmentes et de désespoir; l'horizon est chargé de noirs présages; chacun contemple l'avenir avec inquiétude. Oh! France, qui viendra t'abriter du souffle funeste qui dessèche ta force et tarit les sources les plus fécondes de tes espérances ? Qui viendra renouer la chaîne de ton passé glorieux à un avenir de sa taille, non rapetissé par une honteuse dégénération ? Qui viendra ressusciter ces vieux sentiments de patriotisme et d'honneur qui te firent si grande? Hélas ! qui pourrait l'entreprendre, si ce n'est comme l'écho mélancolique qui s'échappe d'un cœur brisé, aujourd'hui que la voix puissante du chantre de la Religion et de la Monarchie, que ses accents prophétiques ne raniment plus la foi dans les âmes engourdies, livrées aux hallucinations d'une folle erreur, alors même qu'ils apparaissent comme ces marbres antiques, sculptés par un ciseau divin.

Illustre auteur des *Martyrs*, du *Génie du Christianisme*, immortel peintre d'*Atala*, de *René* ~~et des *Ruines*~~, sublime historien des Stuarts, éloquent interprète des vieux siècles et des antiques annales, grand missionnaire de nos jours, qui a relevé la religion de ses ruines, inutile Cassandre de la Monarchie, son vengeur après la défaite, noble courtisan du malheur, défenseur des libertés, vieillard aux cheveux blanchis par d'héroïques sacrifices ; Homère de cet âge, qui portez au front cette noble couronne que les Révolutions ne peuvent ravir, qui brillera d'un éclat toujours plus vif, à travers les siècles ; vous, auquel je m'attache comme à un phare lumineux au milieu des orages de la vie ; vous, dont j'aime à suivre l'essor sublime, et qui peuplez des belles créations de votre pensée la solitude où je suis retiré, daignez agréer l'hommage d'un de vos admirateurs, d'autant plus sincère, qu'il mesure la distance infinie qui le sépare de vous, et juge par les labeurs qui s'attachent à la plus faible œuvre de l'esprit, combien est difficile la carrière que vous avez dû parcourir, pour élever à la postérité un édifice renfermant la Littérature, l'Histoire, la Religion et la Politique. Toutes ces gloires, vous les avez conquises ; d'un vol d'aigle vous avez parcouru d'immenses horizons. Autre Napoléon, vous avez réuni dans votre vie les travaux de plusieurs vies et de plusieurs siècles. Mais les conquêtes de votre pensée, plus durables que celles de l'Empereur, ne peuvent être ravies à l'humanité. Oh ! qu'elle est belle, votre gloire ! comme mon cœur de Français la sent, comme il en est pénétré. Oh ! laissez-la-moi bénir ; permettez-moi surtout de la revendiquer pour mon pays et l'opinion royaliste ; permettez-moi d'ajouter encore que s'il est, dans ma faible et incomplète Esquisse, des événements de cette époque, une idée, une expression qui fixe l'attention du Lecteur, à vous elle revient, comme un reflet bien pâle de vos inspirations ; quant à celles qui peuvent être incomplètes, mal exprimées, à moi en reste la responsabilité.

Château de Thouron, Juillet 1840.

Je ne me préoccupe pas de l'accueil qu'on fera à cet Opuscule. Peu m'importe qu'il ait ou non des lecteurs, j'ai tenté une œuvre consciencieuse, cela me suffit. J'ai voulu dire ma pensée, la présenter dans sa sincérité, dans sa bonne foi, affranchie de ces masques imposés à la plupart des écrivains qui s'attaquent à cette hydre, qu'on appelle politique contemporaine.

J'ai pénétré dans les ateliers de la pensée politique, et voici ce que j'y ai vu. J'y ai vu des hommes qui trafiquent de leur plume. Protées aux cent couleurs, ils ont porté toutes les livrées et promènent d'un camp à l'autre leur ignominieuse dégradation. On leur donne un peu d'argent et beaucoup de mépris; ce sont les valets de la presse. J'y ai vu d'autres hommes, qu'on paie plus cher et qu'on méprise moins; ceux-là n'ont pas changé, ou ils n'ont changé qu'une fois de drapeau; ils ont l'apparence de la bonne foi, les dehors de la conviction, mais ils n'ont pas plus d'indépendance que les premiers; ils se gardent bien d'écrire autre chose que ce qu'on leur dicte; ils n'ont jamais l'audace d'avoir une pensée à eux; ce sont des instruments qui rendent les sons qu'on leur communique.

Où donc est l'indépendance? Si elle n'est pas dans les soldats de la presse, elle est peut-être dans les chefs? Elle n'est pas plus là qu'ailleurs. Ces hauts barons ne semblent relever que d'eux-mêmes: ce ne sont cependant que des vassaux; leur servitude est brillante, mais ce n'est pas moins de la servitude; ils appartiennent à une coterie. Un parti est derrière eux, il faut qu'ils subissent sa loi pour ne pas être jetés dans la fosse aux lions. Leur parti se charge de leur fortune ; c'est bien le moins qu'ils ne dépassent pas les limites tracées par son caprice.

Quelques-uns cependant n'abdiquent pas ainsi leur conscience, ils ne reconnaissent à personne le droit d'entacher la propriété qu'ils reçurent, la pensée, cette sublime fille du Ciel. S'ils sont indépendants vis-à-vis des autres, le sont-ils vis-à-vis d'eux-mêmes ? Quand ils se sont trompés, ont-ils le courage d'avouer leur erreur ? N'y persistent-ils pas le plus souvent par orgueil ? Celui-ci préconise depuis dix ans un système d'alliance, tout a démontré que ce système était funeste au pays ; son honneur de publiciste ne lui fait pas moins un impérieux devoir de se maintenir dans la fausse voie où il s'est engagé. Celui-là a eu le malheur d'inventer un système historique auquel il rattache le passé, le présent et l'avenir. Il fait sans pitié passer tous les événements sous ses fourches caudines.

Voilà où en sont la plupart des écrivains politiques ; les uns sont au plus offrant, ils mettent leur plume à l'enchère ; les autres sont inféodés au pouvoir ; ceux-ci sont les esclaves d'une coterie ; ceux-là sont les esclaves d'un système. Je ne leur ressemble par aucun point. Aborder toutes les questions avec une entière franchise, échapper à toute dissimulation, secouer tout préjugé, n'être enchaîné par aucune considération d'intérêt ou d'amour-propre, rester en dehors de toutes les coteries, ne point craindre le blâme, tel est le plan que je me suis proposé. Le sort a été rude envers moi, je ne m'en plains pas. Je suis entré avec sérénité, sans regret, dans le lit solitaire tracé à ma destiné. Personnellement insoucieux de ce que j'ai perdu, je n'y attachais du prix que pour le noble but que je poursuivais. D'ailleurs, la lutte m'a donné plus qu'elle ne m'a enlevé : un détachement des choses et des hommes , une grande indépendance, une énergie prête à jouer avec le péril, une abnégation personnelle qui s'est assez révélée.

C'est ce qui expliquera peut-être pourquoi j'ai

rejeté ces précautions dont se couvrent la plupart de ceux qui abordent les questions politiques, alors qu'elles sont en ébullition dans la fournaise ardente des passions du présent.

La vérité est importune pour le plus grand nombre, elle blesse les amours-propres et les intérêts. Aussi ses autels sont déserts. Mais celui qui ne demande au monde, ni bruit, ni fêtes, ni faveurs, ni regards, sent le besoin d'y porter son encens. Ce titre, si c'en est un dans ce siècle, l'auteur ose le présenter à ceux dans la mémoire desquels son souvenir ne s'est pas entièrement effacé.

VUES

POLITIQUES

HISTORIQUES.

CHAPITRE Ier.

Exposé. — La Restauration, — Politique intérieure et extérieure depuis 1830.

L'homme qui avait escaladé les mystérieuses hauteurs de l'empire du monde, étant tombé au milieu de ses violences, Louis XVIII ressaisit le sceptre. La royauté des légitimes Monarques avait dormi, pendant vingt ans, sur la dure couche de l'exil; mais leurs droits, fondés sur leurs vertus, indestructibles comme leur noblesse, dominent tous les naufrages. Dieu finit tout-à-coup cette révolution épouvantable qui avait fait de la France un champ de mort et de ruines. Le roi de France remonte sur le trône où ses ancêtres avaient régné neuf siècles, assis entre la probité et la gloire.

Dix années de liberté reçoivent le baptême de la victoire. En six mois, le duc d'Angoulême, à la tête d'une armée française, avait balayé devant lui la révolution qui va rendre son dernier soupir dans Cadix, demeurée inaccessible à la puissance de Bonaparte.

Charles X monte sur le trône, appuyé sur le sceptre de son frère, sur les titres glorieux de trente-quatre Rois, ses ancêtres, couronné des lauriers de son fils. Il prélude par une nouvelle extension des libertés, il abolit la censure; le commerce et la richesse publique atteignent leur plus haut point de perfection.

Le dépôt de l'honneur de la France se conserve pur entre les mains du Roi chevalier; il affranchit la Grèce du Sabre Egyptien, et la vieille Monarchie se fait la marraine de la liberté pour la replacer sur sa terre natale.

Une injure est faite à l'ambassadeur du Roi de France; le petit-fils de Louis XIV, marchant sur les traces de son glorieux aïeul, fait, de la réparation, un de nos plus glorieux trophées d'armes. Oh! alors, la vieille épée nationale n'attendait pas de l'étranger la permission de sortir du fourreau pour briller au champ d'honneur, et, en dépit de l'Angleterre, une jeune et vaillante armée, sous le commandement du maréchal Bourmont, dotait la France d'une riche colonie, après avoir planté la Croix et le drapeau de saint Louis sur la Mosquée des pirates, que l'Europe entière, pendant trois siècles, n'avait pu détruire.

Mais, tout-à-coup un bruit souterrain se fait entendre; le marteau révolutionnaire, levé le 27 juillet, vient frapper, le 29, de déchéance et de mort, une dynastie que ne protégent ni les souvenirs de saint Louis, ni la popularité de Henri IV, ni la grandeur de Louis XIV, ni le martyre de Louis XVI, cette légende de rois dont les uns furent sages, bons, justes, bien-aimés; les autres, surnommés grands, augustes, pères des Lettres et de la patrie; une dynastie que ne protégent ni la majesté du malheur de l'orpheline du Temple, ni l'héroïsme de la veuve de Berry, ni l'innocence d'un jeune enfant; une dynastie que ne protégent même pas les œuvres de ceux que l'on chasse; la fondation d'une marine militaire, d'un crédit public immense, des monuments partout, et la plus fabuleuse prospérité accouplée à la liberté.

L'ordre moral et matériel, les biens de la discipline comme de la liberté, l'autorité des lois comme les droits des citoyens, disparaissent comme Œdipe dans la tempête, en même temps que trois générations de rois. Et si l'on ajoute à cela la banqueroute courant la France comme un feu grégeois, le commerce aux abois, la vente des forêts, les budgets de 1.500 millions, des déficits, accroissement effrayant de la dette publique dont la Restauration avait dégrevé la France : on saura ce qu'a coûté la révolution; on saura ce que c'est de vouloir rompre avec les siècles pour suspendre tout-à-coup en l'air un nouvel ordre de choses se détachant du passé. On ne l'efface pas, le passé, du souvenir des hommes, comme on efface les fleurs de lis des murailles. On conviendra peut-être que c'était une base salutaire que la légitimité, et qu'elle a laissé un bien grand vide, cette héritière de mille années d'ordre et de gloire.

Et d'abord, il me faut le dire, les préoccupations de parti ne conduisent pas ma plume. Retiré du monde politique après une cruelle expérience, je n'attends rien de l'avenir; je ne serai pas plus le courtisan de l'erreur que je ne serai celui de la fortune. Il est des caractères qui fuient la faveur, qui ne peuvent se soumettre aux empressements qu'elle exige, et qui, par instinct, sont toujours du côté de la faiblesse et du malheur; je suis de ces hommes-là. C'est que, dans les gouvernements les plus purs, ce sont rarement les hommes purs et vraiment dignes qui sont au pouvoir. A la vérité, donc, mes premiers hommages, et arrière ces déguisements que beaucoup se croient en droit de payer aux exigences de leur opinion.

Avouons-le, la Révolution de Juillet fut le résultat de convictions généreuses de la part des combattants; c'était une protestation d'enthousiasmse jeunes et ardents contre l'attentat de la sottise et d'un esprit rétrograde aux libertés, conquête des temps et des idées. Mais la révolution n'en fut pas moins absurde, parce qu'elle a été faite sans motif, puisque Charles X avait abdiqué, et qu'un enfant innocent, orphelin, contre lequel ne criait aucun sang, avait hérité de ses droits au trône. De plus, elle fut une véritable déception, en allant, pour les uns au-delà de leurs vœux, en restant en-deçà pour les autres. Pour les premiers, tout devait finir au retrait des ordonnances, du moment surtout qu'il se montrait accompagné d'une double abdication ; pour les seconds, le mouvement ne devait pas se borner à un changement de dynastie.

Ni le parti monarchique constitutionnel qui, sous la Restauration, proclamait comme un palladium cette fiction de l'inviolabilité royale, ni le parti républicain mitraillé, jugé, et déplorant, dans les cabanons de Doulens et du Mont-Saint-Michel, les événements auxquels il prit part, ne voulaient ce qui est advenu. Et d'ailleurs, cette liberté, notre idole, comment l'a-t-on traitée? Après ce grand effort des trois journées, la majorité n'a paru dominée que par la lassitude et la peur. Une petite coterie a seule battu des mains à la grande victoire ; elle compte uniquement ces vils esclaves de la fortune qui saluent chaque soleil qui se lève, chaque puissance qui passe ; ces hommes dont le patriotisme s'escompte en traitements. La curée leur a été favorable ; tout est là, tout est bien. Aussi, à leurs yeux, quelle gloire, quel bonheur la France a conquis! « A les entendre, a dit M. de Châteaubriand, il semble que Bonaparte avait secoué sa poussière pour revenir en trois pas par les Pyramides, Austerlitz et Marengo ». Ces hommes, nus de patrimoine, affamés de besoins, se sont vus tout-à-coup transformés en grands seigneurs. Ils trouvent doux d'étaler la vanité d'un luxe de parvenus, de manger dans de la vaisselle plate, d'entendre les fanfares qui saluent leur passage. Voici la cause de leur enthousiasme révolutionnaire : La liberté, grand mot que l'on met en avant pour arriver. Le patriotisme de tous ces intrigants, chimère qui prépare d'amers regrets aux imbéciles dupes de leurs décevantes paroles. L'ambition, voilà leur mobile vrai, leur but masqué! Voyez plutôt, on a tant crié contre les privilèges des Montmorency, des La Tremoïlle, des Rohan, ces représentants de glorieux souvenirs. Ceux-là, reconnaissant la part qu'il fallait faire à l'esprit du siècle, ont été les premiers à les abdiquer, en brûlant leurs parchemins sur l'autel de la Concorde. Hé bien! depuis, sous la Convention, le Directoire, l'Empire, n'avons-nous pas eu des aristocrates autrement pressureurs du peuple? Les aristocrates de la Convention, ceux-là faisaient plus que d'épuiser l'argent de la France, ils l'épuisaient de sang avec leur libre système de guillotine; et les Barras et les Cambacérès du Directoire, et l'aristocratie du sabre napoléonien; et, de notre temps, la féodalité de MM. Barthe, l'ex-carbonaro; Persil, à la voix de tigre; Bugeaud, le héros de la rue Transnonain. Au lieu des 40.000 nobles qui avaient le privilége de se faire casser la tête pour leur pays, n'avons-nous pas l'aristocratie de la classe moyenne, qui monopolise toutes les positions, et pompe la fortune et la prospérité de la nation, différente en cela de la noblesse de race, qui se croyait obligée de faire une large part au peuple. Ce n'est donc pas à saisir ce qui est perdu sans retour que les royalistes aspirent, mais bien à faire triompher le principe de liberté, en renversant cette féodalité nouvelle, bien plus odieuse que l'ancienne, car elle n'a ni sa grandeur ni son éclat. Haine donc et guerre sans trêve, de toutes les opinions généreuses, aux hommes égoïstes et orgueilleux qui ont substitué des priviléges à l'égalité, les abus aux lois, et le monopole à la liberté progressive, marchant à la conquête de l'avenir, ayant le pouvoir pour avant-garde.

La Révolution de Juillet ne fut qu'une amère déception, œuvre de monopole, de caste, d'arbitraire, d'intérêt, d'ambition, de cupidité. En vain les hommes qui la firent avaient déroulé un magnifique programme. A peine au pouvoir, au scandale de leurs promesses, ils brisent le talisman avec lequel ils avaient séduit le peuple.

L'âge d'or allait secouer la poussière des 4,000 ans dans laquelle il était enseveli. Administration pleine de douceur et ne parlant aux citoyens qu'en gants blancs; une royauté sans escorte; plus de police; plus de fonds secrets, de gendarmes; plus de monopoles, de fiscalité, de cumuls et de sinécures; la liberté illimitée de la presse, cette idole pour laquelle la révolution s'était faite; plus de prison pour les écrivains; le plus grand respect pour la liberté individuelle; l'abolition de la peine de mort, et surtout un gouvernement à bon marché.

Au lieu de cela, on a eu une administration impitoyable, pour emprunter un mot célèbre jeté à la tribune à la tête des ministres doctrinaires; une administration faisant arrêter, bâtonner, fusiller tout ce qui lui résistait.

Une police innombrable, foulant aux pieds toutes les garanties qui protégent la personne des citoyens; les fonds secrets triplés, et une force-armée de 400,000 hommes. Le monopole des droits politiques posé en principe, on a vu la corruption s'accroître sur les ruines de la fortune publique, la corruption compter comme moyen de gouvernement.

L'impôt accru d'un tiers, escorté des emprunts, des déficits, de l'aliénation de nos plus précieuses ressources.

Les rigueurs de toute sorte accumulées sur la presse ; Paris, et plusieurs départements, mis en état de siége ; les lois de septembre, sans compter ce cortége de lois draconiennes, rejetées par la chambre, ayant pour complément les lois d'apanages et de dotations, dont plusieurs sont tombées devant le cri de désespoir de la France.

Les révolutions ont pour les peuples des conséquences incalculables. Un principe ne se substitue pas paisiblement à un autre. Destructeur d'abord, il lui faut restaurer les ruines qu'il a faites, et c'est là le difficile. Il lui faut bâillonner les principes qu'il a déchaînés. Le milieu entre la tyrannie et la liberté est difficile à tenir. Dans les illusions de succès, on croit pouvoir écarter les obstacles et donner satisfaction aux humeurs, aux intérêts, aux besoins, mais on se trouve en face de ses souvenirs, des factions. Le moyen de concilier tout cela? Les lois d'exceptions arrivent en dépit des promesses. Qu'a donc gagné le peuple au changement? une longue série de troubles, de désordres, de charges effroyables. La propriété et le commerce tremblent, l'ordre intérieur est aux abois, les alliances sont rompues, et une grande nation, qui pesait dans les destinées du monde, est impuissante à protéger les peuples assez imprudents pour se réveiller au souffle de la liberté.

Ce n'est pas tout, encore, un pouvoir nouveau sera réduit à détacher, des partis qui ont fait le bouleversement, une coterie dont il puisse se faire un bouclier, un point d'appui. Mais comment faire rentrer dans son lit le torrent populaire? Les chefs de ce parti seront les ouvriers qui vont accomplir ce pénible travail; on se place sous le patronage de MM. Lafayette et Laffitte. Mais à fur et mesure que le pouvoir rassemblait dans sa main les moyens d'autorité, les éléments de force, le budget, l'armée, l'action administrative, un parti s'agitait dans l'ombre. Bientôt il ne voulut voir, dans Juillet, qu'un événement, qu'un accident; mais les idées nouvelles que cette révolution avait fait naître, les paroles imprudentes qu'on avait jetées au peuple, il faut qu'elles rentrent dans le néant : c'était un bagage nécessaire pour escalader le pouvoir; c'est un souvenir incommode pour s'y maintenir. Pour ce parti, serments, promesses, garanties, Constitution, ne sont que des mots qui lui ont servi à couvrir ses plans tyranniques d'un masque d'hypocrisie. Pour ce parti, il n'y a de vrai que le pouvoir, de légitime que ce qui le procure; la liberté, il la veut, mais pour lui seul, mais au profit de sa vanité, de ses intérêts, de ses passions.

Tels sont les doctrinaires. Au commencement de la Restauration, violateurs de la Charte, promoteurs de toutes les lois, ils devinrent bientôt les démolisseurs du gouvernement légitime; Juillet est le dénoûment de leurs efforts. Le lendemain ils se mettent à l'œuvre pour miner la Constitution, tantôt par les lois, tantôt avec les lois; ils opposent à la Charte les décrets de la République et l'Empire, essayant de remonter, à leur profit, le cours du temps.

D'abord, c'était le principe de la souveraineté du peuple; à lui tous les attendrissements, à lui tous les hommages, à lui un inépuisable enthousiasme; avec lui *la Parisienne, la Marseillaise*, les lois, les récompenses, qui surgirent d'abord de l'esprit et de la Charte de 1830.

Mais quand ils ont vu leur nourrisson prendre un développement rapide, ils ont tremblé qu'il ne rompît les lisières dont leur faible main voulait l'entourer. Dans leur vertige, les doctrinaires avaient cru, qu'à l'exemple de cet homme fantastique, l'hercule de la victoire, ils tiendraient enchaîné le principe populaire; mais quelques mois de nourrice avaient suffi pour en faire un géant. Désespérant de le terrasser, ils en appellent un autre de taille à barrer le chemin au premier : C'est le principe de l'omnipotence parlementaire qui, un jour, supplantera ses patrons.

A l'aide d'une majorité complaisante, soumise, esclave, les voici encore tout puissants. Mais ce principe se tourne-t-il contre eux? il est mis au rang des choses transitoires, flottantes. Qu'importe la contradiction entre leurs anciens principes et leurs nouvelles doctrines? Ces anciens partisans de la liberté passent à la prérogative; c'est leur intérêt qui détermine leur perpétuelle évolution. Hors de là, il n'est qu'une France taillable et corvéable à merci. C'est le délire de l'orgueil, sans doute ; c'est de l'égoïsme poussé jusques à la démence ; c'est *le moi* de Médée ; car, de cette sorte, les doctrinaires s'arrogeaient seuls le privilége de gouverner et diriger la nation ; la France ne pouvait être sauvée que par eux; ils étaient le commencement, le centre et la fin de toute chose auxquels tout devait aboutir et être sacrifié. Plus de principe antérieur de gouvernement, plus de souveraineté du peuple, plus rien, rien que les doctrinaires, eux seuls et toujours.

Suivons un instant, dans ses œuvres, dans son essai de despotisme sur une grande nation, ce parti variable, soupçonneux comme la faiblesse, intolérant comme l'injustice, implacable, dans sa vengeance, comme toute faction civile qui, à l'aide du mensonge, parvient à mettre une nation en interdit. Encore si son despotisme avait été caché sous le manteau de la gloire; mais le despotisme d'un parti qui a humilié, devant les nations, cette noble France que nos rois avaient faite si fière, Napoléon si formidable; à ce point que toute l'Europe était à genoux pour la servir et l'adorer; on ne saurait trop le rappeler, que l'anathème s'imprime, ineffaçable, sur le front de ces hommes d'intrigue, si fatals à leur patrie. S'il faut que la haine trouve place dans les cœurs français, hé bien, que ce soit contre ceux-là qui ont soulevé les tempêtes et les passions, pour établir leur règne sur la division de toutes les opinions indépendantes, qui devraient bien, après tant de déceptions, confondre leurs divergences dans un but commun, la gloire et le bonheur de la France, pour l'arracher au lit de Procuste où des ambitieux l'ont placée.

Peut-il en être autrement? On nie ce que l'on a proclamé; on retire au peuple ce qu'il avait conquis; on oppose la ruse à sa franchise; là où la loi place une liberté, on y substitue un esclavage. Après avoir proclamé le droit d'association comme inviolable, vous faites une loi contre les associations. Le but, c'était que de ses flancs sortirait une chambre servile, consentant à toutes les lois d'arbitraire, à tous les emprunts, à tous les déficits.

Vous faussez la loi du jury, cette précieuse égide du citoyen contre les passions haineuses du pouvoir!

Vous rétablissez la censure pour la vente des écrits et des pamphlets dans les rues, prélude des lois terribles de septembre!

Vous jouant de la liberté individuelle, vous ressuscitez les lois de suspects, en emprisonnant sans indice de crime et de délit, par mesure purement préventive. Dans une seule année, à Paris, 9,000 citoyens sont jetés dans les cachots!

Vous désolez la France par vos visites domiciliaires; vous ne reculez pas devant les actes les plus atroces; vous faites la chasse aux hommes; vous laissez abattre à coups de fusils les prisonniers, les malheureux qui se trouvent, par hasard, au passage de vos sbires!

Jusque dans la capitale, cette reine de la civilisation, vous avez des brigades d'assommeurs, terrassant, à coups de bâtons ferrés et de cravaches plombées, des hommes inoffensifs.

Ainsi, selon vous, la dignité des citoyens est au niveau

des bêtes de somme; il n'est pas de palefrenier qui ne soit tenu à plus d'égards, pour ces dernières, afin de ne pas être chassé par le maître. Mais vous restiez paisibles dans vos palais somptueux, trouvant le soir votre table splendide, pendant que de malheureuses mères appelaient, avec l'accent du désespoir, leurs enfants tombés pour morts sous les coups de vos mouchards !

Oh ! ne vous sentez-vous pas aujourd'hui oppressés par ces lois dont vous avez fait passer la triste procession sous les yeux de la France frappée de stupeur ! Ce n'était pas assez, pour vous, de l'arsenal impur de nos 70,000 lois ; lois de la Convention, au bonnet rouge, ce symbole de sang; lois de la République, une et indivisible, sous Robespierre; lois du Directoire, de l'Empire. Ces dernières portaient au moins avec elles une séduction, celle de la gloire, passe-port qui les faisait agréer de la nation. Mais vous, hommes infirmes, de quel droit alliez-vous chercher ces infâmes plagiats dans l'égoût des règnes des Tibère et des Néron ? Telles furent les lois de disjonction, de non-révélation, de déportation ; les sifflets de la France firent échouer cette tentative d'eunuques. Voici vos œuvres, nouveaux titans de la sottise et de l'iniquité ! Les montagnes que vous avez soulevées vous écraseront un jour. Mais ce n'est qu'un côté du tableau, il nous faut vous suivre à l'extérieur. Voici ce que vous avez fait de la liberté et de la prospérité de la France ! Qu'avez-vous fait de sa gloire et de sa dignité ?

La question devient grave, elle est immense; c'est tout l'horizon de la politique extérieure, des alliances nécessaires à la France, de celles qui peuvent favoriser son agrandissement de territoire, des débouchés pour son industrie, des développements pour son commerce; cet horizon, il entre dans notre plan d'en dérouler toute la grandeur : Quant à présent, il nous faut nous renfermer dans un rapide exposé de faits.

Et d'abord, après les graves accusations que nous avons faites tomber sur les doctrinaires, il est juste de reconnaître que ce ne sont pas eux seulement que l'on peut accuser de la fatale direction imprimée à la politique extérieure; il est une loi qui dominera tyranniquement tout ministère, c'est celle de la Révolution elle-même. Deux considérations ont fait cette loi : La première, l'intérêt dynastique; la seconde, l'intérêt personnel, passager accidentel de la Révolution. Il y a deux sortes d'alliances, les unes qui reposent sur des intérêts permanents, naturels à la nation. Ce sont les alliances stables ; telles furent celles de nos rois réalisant, sous Louis XIV, la disparition des Pyrénées, et l'union entre deux peuples gouvernés par la même famille. Napoléon fut le magnifique continuateur de ce système brisé un moment par la Révolution. La Restauration n'abdiqua par les traditions de la vieille Monarchie.

Il est, au contraire, des alliances passagères, mobiles, qui sont contractées au profit exclusif de quelques individualités, sans avoir égard à l'intérêt réel de la nation. Dans ces dernières, les gouvernements n'ont en vue qu'une chose, c'est de chercher l'appui de principes, d'idées sur lesquels est fondé leur pouvoir intérieur. Ce système fut celui de la première Révolution; la seconde s'y réfugia, incapable de s'élever au point de vue de l'Empire et de la vieille Monarchie; encore, tout en se détachant de leur marche glorieuse, ne prit-elle des traditions révolutionnaires que ce que pouvait comporter sa faiblesse; elle laisse expirer dans le deuil et la défaite la Pologne, que le cri de Juillet avait soulevée pleine d'espérance.

La Belgique voulut se donner à nous, mais la Grande-Bretagne, cette jalouse rivale, cette éternelle ennemie du nom Français, arrête l'essort du Coq gaulois vers la glorieuse frontière que nous avait faite l'Aigle impériale.

Il ne s'est pas ému davantage, le Coq, lorsque, nonobstant le cri belliqueux de la France, l'Autriche a occupé les parties de l'Italie qui, se souvenant d'être françaises, avaient frémi d'un mouvement sympathique à la résurrection du drapeau tricolore, pensant qu'il allait encore parcourir le monde à pas de victoire, et les fondre dans la grande nation, en leur donnant gloire et liberté.

L'esprit français n'était pas moins puissant en Westphalie, dans le cœur des nombreuses populations qui couvrent les bords du Rhin dans son immense parcours.

Ainsi, cette fraternité de sentiments, de principes, d'idées parallèles, produites par Juillet, est fauchée au profit des monarques absolus. De ces quatre Révolutions, que reste-t-il?

Un préfet anglais règne sur la Belgique.

La malheureuse Pologne, rentrée sous la domination de la Russie, ne se soustraira plus à la main de fer du Czar.

L'Autriche est maîtresse de l'Italie. Le mouvement tout français, qui s'était manifesté en Germanie, a tourné au profit de la Prusse.

Ainsi, une effrayante solitude rétrécit les proportions de Juillet, qui s'annonçaient si colossales. En désaccord avec les Monarchies continentales qui l'environnent, sa mission était d'avancer, et il n'a pas osé le faire; ses sympathies étaient pour les peuples, et il a laissé égorger ces peuples qui s'étaient soulevés à sa voix.

Restent l'Espagne et le Portugal; trouverons-nous là compensation aux alliances, aux avantages, qui nous fuient de toute part?

La succession au trône d'Espagne est interrompue; le grand œuvre pour lequel la France a soutenu une lutte si opiniâtre, pour lequel elle a versé son sang, prodigué ses trésors, est tombé sous les efforts de la propagande.

Un gouvernement, placé dans des conditions régulières, aurait hautement favorisé le maintien de la loi salique. Qui garantit à la France qu'un prince allemand ou anglais ne viendra pas régner dans l'Escurial, et que les Pyrénées n'ont pas besoin d'être défendues par nous comme au temps de Charles-Quint, alors que l'Autriche, nous attirant sur cette ligne, faisait descendre son armée dans la plaine des vertus?

La politique de Juillet procède autrement. Mais au lieu de descendre dans la lice avec franchise, fièrement, à la face des nations, au profit de Christine, ce n'est que par des moyens tortueux qu'elle soutiendra l'usurpation, entraînée par le désir d'établir, de l'autre côté des Pyrénées, une analogie de principes et de situation, et tremblant qu'une rupture avec l'Europe ne vienne compromettre un pouvoir chancelant et incertain.

Quel vent a poussé ainsi vers Christine et a fait méconnaître le véritable intérêt du pays? C'est cet intérêt d'un jour, d'une position accidentelle, qui fait préférer une royauté bâtarde, fondée sur le principe de révolte, escortée du monopole, du despotisme, du joug de l'étranger, de la ruine des pays, à Don Carlos, représentant du principe d'ordre de stabilité, de liberté, d'indépendance nationale, en même temps que le bénéfice de la politique de Louis XIV se trouvait pour la France de ce côté.

Mais au lieu de cela, c'est l'Angleterre qui s'est substituée à notre influence, d'un coup de diplomatie, grâce à l'impéritie, à la faiblesse de la nôtre, elle a escaladé la position que nous avaient conquise la Monarchie absolue, l'Empire, la Restauration en 1823. Nous sommes déshérités des traités, des avantages sculptés par les bras de la victoire; et quand on pense que c'est avec notre appui que l'Angleterre s'est impatronisée en Espagne, que c'est avec notre appui qu'elle s'est emparée du commerce de ce pays, à l'exclusion de la France; quand on pense que c'est le traité de la quadruple alliance, traité fait par le gouvernement français, qui a donné aux Anglais un nouveau Gibraltar dans le Golfe de Gascogne, qui les a mis en possession du port du passage dont les canons sont braqués sur nos vaisseaux, n'est-ce pas le cas de s'écrier : O France! à quels hommes étiez-vous livrée, et quel sort vous ont-ils fait, au lieu de cette large et glorieuse place que vous occupiez parmi les peuples!

Tant que le contrat de mariage de Philippe V n'a pas été déchiré, tant que le pacte de famille a fait loi pour la France et l'Espagne, le Portugal rentrait forcément dans l'action française; car il est dans sa nature de suivre les mêmes phases que la Péninsule dont il n'est qu'une annexe. Mais aujourd'hui, ce royaume appartient corps et âme à l'Angleterre, il lui faut subir son joug malgré lui, et tourner comme un satellite autour de la constellation dont il emprunte le mouvement.

Nous avons esquissé rapidement les tristes résultats qui se sont multipliés autour de nous. Voici où conduit l'abaissement des principes de vérité devant de prétendues nécessités de parti. Il s'agit bien, vraiment, en politique, de sympathies de personnes éphémères comme les événements qui les font naître. C'est aux sympathies nationales, c'est aux vœux et aux besoins de la France qu'il faut rester fidèle.

Telle fut la politique de la vieille Monarchie, qui ne se soutint pas 1.400 ans en rejetant la nation en dehors du lit de ses intérêts et de sa gloire. La politique de Louis XIV, de Napoléon, est sacrifiée à l'établissement de principes qui ne profitent qu'à l'Angleterre, à son industrie, au préjudice de nos provinces du midi.

Don Miguel fut renversé parce qu'il voulut affranchir son pays du joug pesant du léopard britannique ; et c'est nous qui nous sommes rendus complices de cette vengeance.

Don Carlos était parvenu à organiser une armée, la victoire s'était donnée à son drapeau, Christine est aux abois. Don Carlos, c'est le principe français, c'est le maintient de la loi salique, c'est un fils de France, puisque le sang des Bourbons coule dans ses vaines; il est donc voué par gloire, par intérêt, à ce qui est notre gloire, notre intérêt. Hé bien! la puissance qui, dans le siècle dernier, avait envoyé une armée pour soutenir les prétentions de l'archiduc Charles, contre Philippe V, qui menace de toute sa colère la Restauration en 1823, si elle osait entrer en Espagne ; ce qu'elle n'a pu obtenir par la force, à l'aide de ses coupe-jarrets, du pillage, de l'assassinat, elle l'obtiendra de la trahison, et c'est la France qui s'y associe, et elle donne son argent pour cela. Désormais, les Pyrénées sont relevées, l'Angleterre a atteint son but ; maîtresse des clés de la Péninsule, elle inonde, en nous bravant, les marchés espagnols de ses produits, en chasse les nôtres, au grand désappointement des populations qui y étaient habituées depuis 150 ans.

Nous résumant sur cette question extérieure, qui se représentera à nous successivement sous les faces nombreuses et dans les divers points qui s'y rattachent ; en regard de la Restauration, dirigeant les affaires de la France dans les principes et les intérêts qui lui sont propres, conservant la paix européenne, et restant l'alliée de l'Angleterre, tout en intervenant directement en Espagne, montrant la marine française à Navarin, et faisant la conquête d'Alger :

Nous placerons la révolution de Juillet qui, en brouillant les affaires de la France, devient suspecte à toute l'Europe, essayant vainement de se redîmer de cette suspicion, de gagner ses éperons auprès de l'étranger, en laissant écraser la Pologne, après avoir proclamé sa nationalité, en laissant anéantir les mouvements italiens, en cédant la Belgique à un roi anglais, en ne disant pas un mot sur l'occupation de Cracovie, ayant le honteux désir d'abandonner Alger, n'osant pas intervenir directement en Espagne, et permettant à l'Angleterre, suzeraine du Portugal, de s'emparer de Saint-Sébastien et du port du passage, en même temps qu'une politique inhabile et peureuse nous tient en dehors de la question d'Orient.

Et pourquoi tout cela ? M. Thiers l'a dit : « Parce que tout cela est nécessaire à la sécurité particulière du Gouvernement qu'à produit la révolution de Juillet. »

CHAPITRE II.

Progrès de la Liberté en France dus à nos Rois. — Puissance des principes royalistes. — Situation créée par la Révolution de Juillet.

Former de la France, morcelée par la féodalité, un seul et grand royaume, contribuer à l'émancipation nationale en abaissant les grands vassaux, tel a été le but constant des Capétiens. La preuve de leur habileté à grandir la France est dans la France même, et l'histoire est là pour témoigner des efforts qu'ils ont faits, et de la conduite sage et prudente qu'ils ont tenue pour accroître nos franchises. M. de Ségur, qu'on ne soupçonnera pas de partialité, parle ainsi de leur persévérance à saper le gouvernement féodal: « Les Capétiens, éclairés par l'exemple de leurs prédécesseurs et par l'intérêt de leur existence et de leur pouvoir, attaquèrent enfin, avec constance et courage, ce monstre politique (la féodalité), qui pesait également sur les rois et sur les peuples. La gloire du trône et l'*émancipation nationale* devinrent les fruits de cette lutte, *la plus longue et la plus pénible* dont les annales du monde aient conservé la mémoire. » (Hist. Univ., tom. XXXII.)

C'est Louis-le-Gros qui ouvre la marche des rois qui firent naître les libertés françaises. Il affranchit quelques communes, et à sa mort, il adressa à son fils ces paroles, dignes de toute sa vie : « Souvenez-vous que la royauté est une charge publique dont vous rendrez compte à Dieu. »

Sous Philippe-Auguste, plusieurs villes devinrent des espèces de républiques protégées par le Roi.

Saint-Louis, dont Voltaire a dit qu'il n'était pas donné à l'homme de porter plus loin la vertu, a publié des établissements pour les métiers dont il explique ainsi la cause : « Pour ce que nous voulons que le peuple qui est dessous nous puisse vivre loyalement et en paix, et que l'un se garde de forfaire à l'autre..... avons ordonné cet établissement....» *(Ét. de Saint-Louis, début.)*

Philippe-le-Bel appela les communes aux Etats-Généraux.

Louis-le-Hutin déclara, dans une de ses ordonnances, « Que la nature avait fait tous les hommes libres, et que le Royaume étant appelé le Royaume de France, il voulait qu'il le fût en réalité comme de nom ; qu'en conséquence, il ordonnait que les affranchissements fussent accordés dans toute l'étendue de l'Etat, à des conditions justes et modérées. » *(Robertson, hist. de Charles-Quint, Ordonn. des Rois, Etudes historiques.)*

Philippe de Valois établit l'appel d'abus.

Sous le règne de Jean, « Les Etats-Généraux, tenus à » Paris en 1355, dit Robertson, étaient composés de près » de huit cents membres, dont plus de la moitié n'étaient » que des députés des villes... Les représentations des villes » avaient une grande influence ;... le tiers-état était, à tous » égards, considéré comme marchant de pair avec les deux » autres ordres. » (*Introduction à l'hist. de Charles-Quint, tom. II*). Le même historien ajoute que les rois de France travaillèrent pour la liberté bien long-temps avant les rois d'Angleterre (*tom. II, note XX*).

Charles V dit au Parlement : « Quoique nous soyons roi, » nous n'avons que la force d'un homme, et sans vous » nous ne pourrions rien... Nous ne voulons rien ordonner » dans le royaume que de votre gré. » (SÉGUR, *histoire Universelle*).

Charles VI fut malheureux ; il y avait des traîtres dans la famille royale.

Charles VII ne fit rien pour la liberté, mais fit beaucoup pour le peuple, par l'établissement des troupes réglées.

Louis XI, oppresseur de la noblesse, aimait le peuple autant qu'un homme tel que lui pouvait aimer.

Louis XII reçut le surnom de *Père du peuple ;* il réunit le Roussillon à la France.

Après la mort d'Henri II, vinrent les guerres de religion

et la Ligue ; c'était un temps triste et mauvais comme le nôtre. Henri IV parut : ce grand roi, qui nous agrandissait de la Navarre, montra combien il estimait les lois, par la considération qu'il eut pour les remontrances très hardies de Miron, prévôt des marchands *(Mém. du cardinal de Retz, tom. I)*.

Richelieu lui succéda, et prépara le court absolutisme de Louis XIV et de Louis XV. « Le siècle de Louis XIV, dit » Châteaubriand, fut le superbe catafalque de nos libertés, » éclairé par mille flambeaux de la gloire qu'élevait à l'en- » tour un cortége de grands hommes. Louis XIV, comme » Napoléon, chacun avec la différence de leur temps et de » leur génie, substituèrent l'ordre à la liberté » *(Etudes hist., tom. I)*.

Louis XIV conquit l'Alsace, la Franche-Comté et la Flandre ; Louis XV la Lorraine.

Louis XVI semblait devoir achever l'œuvre de Louis-le-Gros. Il détruisit ce qui restait de féodalité, abolit la torture, rendit le droit civil aux protestants, et convoqua les Etats-Généraux. De nos jours, on a proclamé la nationalité de la Pologne, on lui a donné des sympathies et on la laissée périr ; lui, intervint de toute sa puissance en faveur des Etats-Unis, et assura leur liberté. La Révolution arrêta l'émancipation nationale. La France, entraînée par elle dans un abîme creusé par la tyrannie la plus farouche qui fut jamais, recouvra ses vieilles franchises avec la famille qui l'en avait dotée. Louis XVIII donna la liberté après l'Empire, et Charles X donna une nouvelle extension à toutes les grandes institutions du pays. 1830 s'accomplit, et elles furent encore sacrifiées aux nécessités d'un gouvernement qui, pareil à ce jeune Spartiate, dont M. de Salvandy a rappelé l'histoire, cache sous sa robe un renard qu'il a dérobé, la souveraineté du peuple.

Ainsi, les lois qui existaient depuis 14 siècles se trouvent brisées de nouveau. Les royalistes, placés sur le terrain national, se distinguent surtout par leur fidélité aux principes qu'ils ont professés toute leur vie. Dévoués à une auguste race, ils n'ont pas cru devoir se rattacher à un système né au milieu des émotions et des luttes des partis. Présentant seuls à la France les images du droit commun et de l'ordre moral, l'alliance de l'ordre et de la liberté, ils rappellent incessamment à la France les traditions de liberté dont ils sont restés les dépositaires.

De même qu'une constitution de 1200 ans élève sa grande voix pour proclamer que c'est de ce côté-là seulement qu'elles peuvent se trouver unies à l'ordre, de même aussi les faits qui se sont déroulés en Europe, depuis 40 ans, partout où le gouvernement révolutionnaire s'est établi, prouvent que le principe de la souveraineté populaire est un mauvais lit pour la liberté. Voyez 92 et 93, avec la loi des suspects, avec la presse captive, avec des assemblées politiques, décimées de leurs propres mains, brisées par des coups d'état, jusques au 18 brumaire, dernier coup de désespoir de l'autorité absolue, avec la guillotine, devenue la Charte des libertés de cette époque. Voyez la monarchie de Charles-Quint, depuis qu'elle est devenue le domaine de la révolution, avec ses partis tumultueux qui s'écrasent tour-à-tour; le Portugal, avec ses institutions faussées, tantôt par la violence des Chartistes, tantôt par les réactions de la Cour; et de cet ensemble de faits sort la preuve éclatante que le système révolutionnaire est en hostilité permanente avec les principes de la liberté et de l'indépendance des opinions, et que la légitimité est le couronnement nécessaire du système représentatif. La foi royaliste est donc que, hors des Bourbons, amis et protecteurs des libertés publiques, hors des principes fondamentaux, qui sont la transmission héréditaire, le gouvernement au roi, l'administration par le pays, et la représentation à tous, réglée par une hiérarchie, gage d'ordre et de stabilité, il n'y a qu'arbitraire, désordre, alternative de révoltes et de despotisme, confusion et anarchie.

Tout au contraire, ils sont convaincus qu'il y a antipathie entre la Révolution et la Liberté; et cela résulte de la nature même des deux systèmes en lutte; la Révolution est violente, elle ne souffre pas la contradiction; elle ne peut subir, ni la tribune, ni la presse; tôt ou tard elle les brise; les Révolutions procèdent par des coups d'état, à la manière du 18 fructidor, et la liberté leur est odieuse.

C'est, parce que le principe des royalistes découle d'une source incontestable et fondamentale, qu'ils peuvent donner beaucoup de libertés; ils peuvent subir le grand jour de la tribune, parce que leur origine n'est pas dans la rue : ils ont pour maxime que les franchises publiques sont inhérentes à la Monarchie.

La souveraineté du peuple fut le principe constituant, en vertu duquel 219 députés, après avoir fait tomber la couronne de Charles X, jetèrent le manteau royal sur les épaules de Louis-Philippe, en disant, par l'organe de M. de Lafayette : « Voici la meilleure des Républiques. » Ce fut le principe du nouveau Gouvernement ; l'origine de tout droit social, le premier anneau de la chaîne politique, le roi dont chacun implorait la miséricorde, les uns pour la dynastie, les autres pour l'hérédité, ces débris d'un passé croûlant, ces fantômes d'un autre âge qu'il voulut bien recevoir à merci, en arrachant le privilége de l'initiative à celle-ci, avec d'autres priviléges encore ; en réduisant celle-là à n'être qu'un bureau d'enregistrement avec les proportions d'un patricien viager, au lieu de l'hérédité pour ses descendants.

Mais les principes révolutionnaires sont impuissants à allier l'ordre et la liberté. Féconds pour la désorganisation, ils amoncellent des ruines autour d'eux, et s'évertuent inutilement à édifier ; ils renversent les idoles de la veille pour élever sur leur piédestal de nouvelles idoles qu'ils briseront demain.

D'abord, on avait élevé bien haut les principes qui avaient triomphé avec le peuple ; des promesses brillantes furent jurées solennellement et écrites dans la nouvelle Charte avec le sang versé dans les rues de Paris. La liberté de la presse, cet instrument si puissant de la Monarchie nouvelle, devait être dégagé de toute entrave; la liberté de l'enseignement affranchie du monopole universitaire; les communes ne se courberaient plus sous le joug odieux de la centralisation ; une loi électorale plus en rapport avec les besoins nouveaux, satisfaisant au vœu général, allait produire une représentation vraiment nationale.

Mais, mensonge que tout cela, et il y aurait une légende effrayante de longueur à faire des contradictions entre les paroles et les actes.

Ces pompeux et solennels engagements, contractés dans un premier moment d'entraînement, sur les ruines encore fumantes d'une Monarchie de 12 siècles, restèrent sans réalité. On feignit de méconnaître la nature du changement qui s'était opéré, on oublia les libertés promises, on ne vit, dans cette révolution, que la substitution d'un roi à un autre roi, et on essaya de revenir au système qu'on avait renversé.

Et d'abord, il se rencontra des hommes dont la première pensée fut de détourner à leur profit la révolution que le peuple venait d'accomplir, de trafiquer de sa victoire. Ces hommes étaient de ceux qui avaient marqué, et le plus marqué, dans l'opposition de quatorze ans, des coryphées du libéralisme, parti où chacun portant ses passions, ses vues, ses dépits, ses espérances et ses convoitises personnelles, il n'y eut jamais d'union que pour l'attaque, ainsi que les faits l'ont trop prouvé. Renverser la Restauration, c'était là son but, et ce but atteint, il devait se dissoudre pour jamais, parce qu'il ne correspondait, par le principe de sa formation, à aucune pensée commune de réorganisation sociale, et qu'au fond il n'était qu'une combinaison d'intérêts hostiles à la dynastie établie, aux personnes et aux choses dans lesquelles elle cherchait un appui. Ennemi, non de la royauté, mais de telles races royales, non de l'aristocratie, mais de telle aristocratie, il voulait le pouvoir et les emplois. Les glorieux souvenirs rappelés avec faste ; les doctrines généreuses, vaguement proclamées, n'étaient qu'un moyen d'agir sur les masses, un prétexte dont les habiles se riaient en secret. Le peuple seul, recueillant en son cœur le nom de la liberté que la tribune et la presse, échos du passé, lui renvoyaient, comme un rocher répercute la parole humaine, prenant à la lettre les illusions dont on le berçait ; au jour marqué, il accomplit son œuvre, que d'autres, à l'instant même, allaient travailler à ruiner ; les biens qu'il avait rêvés se transforment au loin devant lui, telle une image trompeuse.

Quand un principe de stabilité et de paix a été expulsé d'une société, il est bien rare, pour ne pas dire impossible, que le parti, auteur de cette expulsion, trouve le moyen de le remplacer.

Un Gouvernement est d'autant plus fort qu'il a des racines profondes dans le pays où il est institué. L'éclat des souvenirs, en projetant sur lui le prestige de la gloire, ajoute à son influence et l'élève aux yeux du peuple. Naturalisé avec la Nation, ayant partagé ses bons et mauvais jours, il est toujours prêt à donner satisfaction à ses besoins, à se jeter avec confiance dans la voie des améliorations. Ne prenant pas l'épouvante à la vue de chaque changement réclamé par des idées et une situation nouvelle, il n'est pas de Gouvervement qui puisse mieux s'accoupler avec elle, faire une plus large part aux droits populaires.

Toute l'histoire de l'ancienne Monarchie témoigne de cette vérité. La liberté a pris naissance sous l'égide de la rayauté ; sous ses auspices elle a grandi, mais la voûte antique sur laquelle s'était formé tout l'édifice social a été minée, et d'affreux malheurs ont suivi sa chute. Alors le monde est devenu une mêlée ; les systèmes se sont multipliés ; le charlatanisme a fasciné à ce point l'intelligence des peuples, que, comme des victimes vouées au sacrifice, ils ont courbé la tête sous la hache impitoyable de membres du comité de salut public, monstres altérés du sang le plus pur et le plus vertueux de la France. Ils avaient débuté cependant par être apôtres ardents de la liberté, ces faucheurs de têtes ! Mais le règne de ces hommes devait passer, comme tous ceux qui sont hors de la vérité et de la justice.

L'erreur et la violence peuvent bien un instant faire illusion ou s'imposer au pays qu'elles ont surpris, mais leur triomphe est éphémère. Un pouvoir ne peut vivre qu'autant qu'il s'appuie sur la vérité et sur le droit ; hors de là, il n'est que des oscillations qui le promènent d'écueil en écueil. A peine les hommes qui ambitionnent la puissance en ont-ils franchi le seuil, qu'ils sont usés. Une fois l'autorité sociale déplacée, toutes les mauvaises passions se jettent dans la lice ; à côté de ceux qui arrivent, sont d'autres hommes qui veulent arriver. Les intérêts du pays ne manquent jamais d'être le texte d'un superbe programme qui n'est dans la réalité qu'une amère dérision.

Ainsi est-il advenu : depuis le jour où la Monarchie disparut sous la tempête révolutionnaire, l'histoire ne nous présente qu'une déplorable succession de catastrophes. Hier on saluait la puissance nouvelle qui venait disparaître, aujourd'hui on marche dédaigneusement sur ses débris.

C'est qu'il ne saurait y avoir rien de durable hors des principes d'éternelle vérité et d'éternelle justice. Hors de la vérité et de la justice, tout est capricieux, mobile, personnel ; les systèmes se multiplient, les ambitions sont indépendantes ; chacun se fait une règle, chacun est son maître ; tel est le système révolutionnaire, sous quelque forme qu'il se présente, de quelque abstraction politique qu'il se revête. Destructeur avec Mirabeau et Robespierre ; tentant, avec Siéyes, d'impossibles constitutions ; impuissant et stationnaire avec MM. Guizot, Molé, et tous les hommes de la révolution de Juillet.

Toutes les natures révolutionnaires sont insociables entre elles. Bonaparte les avait un jour réunies par la puissance de son épée. La dislocation ne tarda pas à survenir; 1830 parut aussi les rapprocher; mais elles s'armèrent bientôt les unes contre les autres. Pour les unir accidentellement, il faut une main de fer ou une nécessité indomptable : tantôt la peur, tantôt la cupidité, tantôt un besoin commun de destruction et de désordre. Bientôt arrivent les conflits, les haines, les fureurs jalouses.

Que la France sache donc qu'il n'est donné à ceux qui l'ont engagée dans la voie fatale des révolutions, d'être forts, qu'au jour où il faut frapper et détruire. Mais à peine la destruction est-elle accomplie, qu'ils se divisent sur les ruines encore fumantes, et se disputent le fruit de la victoire.

En terminant ce chapitre, nous devons proclamer, comme conséquence de ce que nous venons de dire, que le génie de la rue, cet art de la rouerie et de la mystification, qu'appellent à leur aide la politique du jour, n'est pas ce qui convient pour étreindre une société dans son désordre, et la rétablir fortement sur sa base. On peut bien amuser un instant les curieux qui passent, mais qu'on laisse les passions et les misères aller leur train; qu'on se moque des coteries, mais qu'on ne désarme pas les colères.

Mais ce qu'il y a de plus affligeant, c'est cette indifférence qui engourdit la société, cet égoïsme progressif qui détache quelques hommes des sentiments nobles et des actes de désintéressement. Voici la maladie qui manace notre avenir ; elle est d'autant plus redoutable qu'elle se développe dans un pays où tout démontre que les coteries qui se disputent le pouvoir sont aussi impuissantes à éteindre la cupidité, à dompter les haines, qu'à calmer les défiances et à dominer les mépris.

A ce mal cependant, il est un remède ; mais on le cherchera vainement dans ces vaines théories et dans l'application décevante de programmes trompeurs. Les royalistes, appuyés sur la religion, la morale, le droit, la propriété, la pureté des souvenirs, c'est-à-dire sur tout ce qu'il y a de plus solennel, de plus sacré, de plus vénéré aux yeux des hommes, peuvent seuls réaliser un ordre social où le progrès rapide et constant des lumières, de l'industrie et de la lumière humaine, s'accomplisse sans secousses et sans déchirements.

CHAPITRE IV.

Fausse assimilation des doctrinaires aux Torys anglais. — Différences importantes. — Fausseté d'un rapprochement entre le gouvernement de Bonaparte et celui du 7 août.

C'est en vain que les hommes du 7 août ont voulu établir une analogie entre leur position et celle des Torys Anglais ; bien plus, ils ont été chercher jusque dans les précédents de l'Empereur, cet homme fastique qui endormait la Nation au bruit de la gloire, une analogie pour rallier à eux les esprits.

Un simple rapprochement démontrera ce qu'il y a de faux dans cette assertion.

Comme les Doctrinaires, il est vrai, les Torys ne reconnaissent aucun principe, aucune vérité, aucune idée morale au-dessus de la volonté humaine, au-dessus des convenances et de l'intérêt des classes usurpatrices du pouvoir, parce que les Torys ont sacrifié la légitimité des Stuarts au fait triomphant de l'usurpation Orangiste, parce qu'ils ont consenti à entrer en partage des bénéfices matériels d'une révolution. Disons-le, les Torys sont allés plus loin que les Doctrinaires encore ; non contents d'avoir abandonné leur foi politique pour participer à l'usurpation du pouvoir, ils ont encore abandonné leur foi religieuse pour participer à la spoliation des lois de l'Eglise.

Quelle recommandation auprès de la Nation qui a produit les Duguesclin, les Sully, les de Sèze, les Malherbes, cette nombreuse phalange de martyrs de la foi monarchique, ces enthousiasmes jusques au sacrifice de la vie, de toutes les opinions fondées sur la conviction, que cette similitude avec des hommes traîtres à leur Dieu et à leur Roi, qui ont étalé toutes les inconséquences d'arbitre, de désordre et d'injustices !!

Mais, à part cette triste solidarité de honte et de principes athées, il existe des dissemblances frappantes entre les deux pays auxquels on a voulu les appliquer.

Les Torys, au moyen d'une religion destructive, des nobles sentiments et des grands principes de charité, d'une propriété féodale, de moyens matériels immenses, promènent librement sur le pays le poids lourd de leur arbitraire.

Mais en France, dans ce sol labouré par le soc révolutionnaire, qui a déraciné les influences aristocratiques, nivelé les fortunes ! Mais en France, où le catholicisme exclusif de l'orgueil rappelle incessamment les hommes au grand principe d'égalité et d'amour : le moyen, Messieurs les Doctrinaires, de rouler sur le pays le pilon de vos catégories, de vos priviléges, en parquant la Nation dans l'étroite enceinte de l'ilotisme et de l'exclusion ?

Mais où est donc l'identité de principes entre les deux pays ? Où est le principe politique ? Où est le principe religieux ? Où est l'aristocratie française ? Où sont les substitutions féodales ?

La prétention du 7 août, de réaliser ce qu'a fait l'homme du 18 brumaire, de prouver, appuyé sur l'exemple de Bonaparte, qu'on peut se passer de la légitimité, est encore plus insensée.

Indépendamment de la différence entre les personnes, il existe de telles différences, qu'il n'y a que des esprits aveuglés d'une ridicule vanité qui ne pourraient pas les apercevoir.

Napoléon n'est pas venu au commencement, mais à la fin d'une révolution. Il en fut le glorieux ensevelisseur. C'était là sa mission, on sait s'il l'accomplit. La royauté de Louis-Philippe est née côte à côte avec une révolution, leur origine est commune, ou plutôt l'une est fille de l'autre.

Le gouvernement du 7 août est sorti des flancs du principe révolutionnaire, Napoléon était un enfant des idées d'ordres, enfant bâtard, il est vrai; car, la véritable filiation de ses idées n'aboutissait pas à lui, mais s'il n'était pas le vrai représentant de l'ordre, il en était au moins le simulacre le plus parfait. Napoléon détrôna l'anarchie, le pouvoir de 1830 a remplacé la plus réelle garantie d'ordre et de stabilité.

Louis-Philippe a déclaré tenir sa puissance du peuple; Napoléon ne fit jamais un pareil aveu aux jours de sa puissance. Ce ne fut qu'au jour où son étoile palissante le laissait sans force contre la Révolution, jadis sa vassale, qu'on le lui arracha. C'est que ne projetant plus la lumière qui consumait tous les obstacles dans le feu de sa gloire, il avait cessé d'être le représentant de l'ordre, pour rentrer dans les proportions révolutionnaires. Avant que la défaite ne l'eût forcé à ployer le genou, tant qu'il avait été laissé aux instincts de sa nature, il s'était enveloppé dans le symbole du droit divin, et se donnant comme l'envoyé de Dieu, il s'était fait oindre par son ministre.

Les positions qu'on met en regard ne sont point analogues, même sous le rapport des principes.

Ainsi, Napoléon, surgissant au milieu d'une Révolution, eut pour but de réprimer cette révolution, et de la faire reculer jusques aux limites de l'ordre.

Par quel moyen atteignit-il ce but? En donnant le change à l'élément révolutionnaire dont il fit un élément de conquête; il chassa la révolution par la gloire, substitua le bonnet du grenadier au bonnet rouge. L'effervescence révolutionnaire devint enthousiasme militaire.

Bonaparte suppléa donc au principe d'ordre qui lui manquait, par le principe de gloire dont il se servit pour se rendre maître de la Révolution. Il mena la Révolution sur les champs de bataille, et là, il la tua par des victoires remportées sur ses propres drapeaux. A la suite de la gloire militaire vint, avec toutes ses conséquences, le régime militaire, qui était l'ordre dans la servitude, mais qui enfin était l'ordre. Ce n'était point un principe qui maintenait alors la société; c'était une épée, mais la plus forte qui se vit jamais. Cette épée s'est brisée, et la royauté de Juillet n'a pas même hérité du plus court de ses tronçons.

CHAPITRE V.

Le Principe monarchique. — Source de la grandeur de la France; — Ses bienfaits, — Malheurs qui ont été la conséquence de sa violation.

Nous croyons avoir suffisamment établi que la liberté ne peut s'enter que sur une vieille souche. Un principe nouveau est comme un arbre nouvellement planté que le moindre vent peut jeter par terre. Un principe ancien, c'est l'arbre qui a entré ses racines bien avant dans la terre, et qui se trouve encore debout après les plus violents orages.

Ce principe fut la sauve-garde de la France au milieu des plus violentes tempêtes; il fut aussi la source de sa gloire et de sa grandeur. Au moment de la bataille de Bouvines, sous Philippe-Auguste, ce fut ce principe qui fit taire toutes les rivalités féodales et les groupa autour du sceptre légitime pour sauver la France du joug de l'étranger. Après les fatales journées de Crécy, d'Azincourt, de Poitiers, étouffant le cri des factions, la couronne trouva dans ce principe la force de résister aux catastrophes et aux ruines, de se relever de l'agonie qui la menaçait, pour continuer à la fois la lutte sur vingt champs de bataille ; lutte dont le dénoûment fut le triomphe de la royauté, chassant l'Anglais avec l'épée des Duguesclin, des Lahire et des Dunois, et le précipitant dans ses mers.

C'est ce principe qui maintint Charles V, ayant pour talisman la sagesse à opposer à l'Angleterre, alors, comme aujourd'hui, achetant la trahison, et stipendiant la félonie de Charles-le-Mauvais, ce brûlot attaché à la France par son or corrupteur.

C'est ce principe qui, après avoir résisté aux intrigues de la maison de Bourgogne, à la puissance de ces princes d'un héroïsme de roman, finit par réunir à la couronne de France leur beau et magnifique Duché.

C'est ce principe qui produisit Jeanne d'Arc à la mission miraculeuse qui, aussi intrépide sur l'échafaud des Martyrs que sur le champ de bataille, sauva une seconde fois la Monarchie.

C'est ce principe qui survit au meurtre de Henri III, terrasse les Guise, cette génération successive d'athlètes chez lesquels le talent, le courage, le génie, tout ce qui séduit les hommes, tout ce qui accomplit de grandes choses, semble héréditaire comme leur noblesse.

Enfin, c'est ce principe qui, après avoir fait monter sur le trône d'Espagne un petit-fils de Louis XIV, est venu naguère s'interposer entre l'étranger et la France, et a sauvé celle-ci de la colère du monde, voulant prendre une terrible revanche.

Tout le crie donc, et l'histoire, la raison des siècles, vient nous prêter sa grande voix pour le proclamer : ce n'est qu'avec ce principe que la dignité et l'intérêt du pays ont une compléte garantie; et pour matérialiser cette pensée par une image, qu'il nous soit permis d'avoir recours à une comparaison vulgaire, mais frappante de vérité. Une vieille dynastie, c'est le vieux propriétaire naturalisé avec le sol au milieu duquel son manoir est assis; assuré dans sa fortune, n'étant pas tyrannisé par les embarras et les dettes, il n'a d'autre but que de l'améliorer et de l'accroître.

Une nouvelle dynastie, au contraire, c'est le nouveau propriétaire qui, avant de s'occuper de réparations, d'ouvrir de nouvelles terres, avant de pouvoir ainsi répandre le bien-être sur ses colons, et d'agrandir ses domaines, avant de former des relations qui ajoutent à la splendeur de son existence, est obligé de se débattre avec des embarras de liquidation, de songer avant tout au moyen de remplir ses engagements, de satisfaire ses créanciers, et sa vie se consume dans des luttes, dans des embarras, pendant que tout dépérit autour de lui.

Il nous reste à placer en face la vieille constitution française et les autres systèmes qu'on a voulu y substituer.

Cette constitution a traversé les siècles, elle était écrite dans *le cœur des Français*, comme l'a dit le fameux Jérôme Bignan. C'était un véritable palladium national sur lequel reposaient les destinées de l'état, la sécurité et le bonheur des générations. L'origine de la constitution s'allait perdre dans la nuit des temps, elle s'était, pour ainsi dire, faite d'elle-même, et, comme l'a dit M. de Maistre, cet homme à profondes pensées, *c'était* une œuvre divine. Ainsi que toutes les institutions destinées à produire de grands effets, elle prit naissance, *on ne sait comment;* comme tout ce qui doit durer, elle n'eut que de faibles commencements, et s'avança ensuite graduellement vers ces justes, belles et majestueuses dimensions qui devaient en être le merveilleux complément.

On trouve, dans les monuments anciens du droit public français, des caractères particuliers et des lois qui attestent la supériorité de notre constitution sur celles de toutes les autres monarchies; c'est ce que reconnaît formellement Machiavel lui-même; il n'hésite pas à déclarer que le gouvernement de la France était le *plus tempéré par les lois.* « Le royaume de France, dit-il encore, est heureux et » tranquille, parce que le roi est soumis à une infinité de » lois qui font la sûreté des peuples. Celui qui *constitua* ce » gouvernement voulut que les rois disposassent à leur gré » des armes et des trésors; mais, pour le reste, il les soumit » à l'empire des lois. »

Et ce qui prouve à quel point cette antique constitution avait pris profondément racine dans notre patrie, c'est qu'il fallut plus d'un siècle à la cognée des révolutions pour préparer la chute de cet arbre séculaire, sous l'ombrage duquel le peuple avait vu constamment accroître son bien-être et sa gloire!

Laquelle des constitutions, improvisées par les démolisseurs du vieil édifice, peut soutenir la comparaison avec celle qui a su assurer à la Monarchie 1.400 ans de durée? Ici les simples années remplaceront les siècles, les jours se substitueront aux années; enfin, au lieu de la stabilité et de la puissance, nous n'aurons qu'à signaler faiblesse et fragilité.

Quand l'esprit de désordre, déguisé sous le masque de la philosophie, eut accompli son œuvre, quand l'antique constitution fut tombée sous ses coups, alors commença l'ère des constitutions nouvelles ; on venait de faire table rase, on crut que rien n'était plus aisé que de reconstruire. On ne prétendait à rien moins que d'établir *à priori* un système complet de droit public, ayant pour base la périlleuse chimère de la souveraineté du peuple. Alors, tout comme de nos jours, d'ambitieux idéologues se crurent appelés à régénérer une grande nation; comme si les conditions qui doivent régir l'ordre social pouvaient être une invention de l'homme; comme si elles ne relevaient pas de Dieu, de qui vient toute puissance; enfin, comme si elles n'étaient pas marquées du sceau d'une haute Providence. Ces hommes ne voulurent rien voir de tout cela et se mirent à constituer, ou plutôt à constitutionner avec une audace heureuse qui, suivant M. de Bonald, n'est quelquefois que la prudence du génie, mais avec cette audace délirante, qui dut présider, dans l'enfance du monde, à la construction de la fameuse tour de Babel.

Mably et Rousseau préludèrent en bâclant une constitution pour la Pologne qui, comme le Pélias de la mythologie, succomba dans l'opération. Puis ce fut le tour de la France.

« Au nom des lois, dit Châteaubriand, on renverse la » religion et la morale; on renonce à l'expérience et aux » coutumes de nos pères; on brise les tombeaux des aïeux, » base sacrée de tout gouvernement durable, pour fonder » sur une raison incertaine une société sans passé et sans » avenir. Errant dans nos propres folies, ayant perdu toute » idée du juste et de l'injuste, du bien et du mal, nous » parcourûmes les diverses formes des constitutions répu- » blicaines. Nous appelâmes la populace à délibérer, au » milieu des rues de Paris, sur les grands objets que le » peuple romain venait de délibérer au forum, après » avoir déposé ses armes et s'être baigné dans les flots du » Tibre. Alors sortirent de leurs repaires tous ces rois demi- » nus, salis et abrutis par l'indigence, enlaidis et mutilés » par leurs travaux, n'ayant pour toute vertu que l'inso- » lence de la misère et l'orgueil des haillons. La patrie, » tombée en de pareilles mains, fut bientôt couverte de » plaies. Que nous resta-t-il de nos fureurs et de nos misè- » res? Des crimes et des chaînes. »

Les bourreaux devinrent eux-mêmes les victimes d'autres

bourreaux, les péripéties se succèdent; la nation, étendue sur le lit de Procuste, est flagellée, rouée, écartelée; le directoire passe comme une ombre, partageant son règne de quelques jours entre l'orgie et le crime; un homme, sorti des clubs révolutionnaires, balaie tous ces immondices, et à force de génie, ayant fait la gloire sa complice, promène la verge de fer expiatoire sur la nation coupable, aussi bien que sur la vieille Europe, qui était restée, l'arme au bras, en présence d'aussi affreuses saturnales. Le colosse tombe à son tour, laissant l'univers ébahi de sa chute; et le moderne Attila repose dans un silence sans fin, gardé par l'Océan.

Un pareil naufrage, d'un homme tel que Napoléon, crie plus haut que nos théories aux chefs de nouvelle origine; qu'élevés par les circonstances, ils ne tiennent la place qu'un moment; pour ceux-ci, c'est la fin de la gloire qui est la fin de la puissance; pour ceux-là, c'est l'anarchie qui les fait tomber comme elle les avait élevés; il en est quelques autres auxquels la Providence laisse un pouvoir viager que ne recueillent pas leurs héritiers; ainsi est-il arrivé pour Cromwel; en vain il prend la demeure sépulcrale des rois, comme il avait pris leur trône; son fils Richard ne se soustraira pas à la justice de Dieu, qui lui assigne l'exil comme un abri aux vengeances que réservent les hommes à l'usurpation; vengeances qui, après les outrages faits à la tombe du mort, vont punir dans le fils le crime paternel.

Pour montrer le néant de ces essais qui, depuis un demi-siècle, ont essayé d'éteindre la société sur leurs bases fragiles, nous terminerons ce chapitre par le résumé rapide des chutes accumulées dans cette courte période.

En 1789 tombe la Monarchie absolue, objet des méditations et des efforts du cardinal de Richelieu, fondée par Louis XIV, surnommé le Grand, maintenant par Louis XV, et renversée entre les mains du saint roi Louis XVI. En 1792 expira, le 22 septembre, la Monarchie constitutionnelle, noyée dans le sang dès le 10 août précédent. — En octobre 1795, finit la République anarchique, dont le trône fut un échafaud. — Au 18 brumaire, an VII (10 novembre 1799,) le gouvernement du directoire fut renversé par la main de Bonaparte. — Une constitution nouvelle, ayant pour chefs trois consuls, marcha jusques au jour de sa mort, advenue en mars 1804. — Un Empire remplace le royaume de France; l'Empire tomba dix ans après sa création sous les efforts réunis de toute l'Europe, le 31 mars 1814. — Une Monarchie constitutionnelle, octroyée par Louis XVIII, fit espérer de longs jours à ce nouveau règne; le 20 mars 1815 le vit finir. — Napoléon, rappelé par la révolte, ne continua pas son Empire absolu; il commença une souveraineté simple que la défaite de Waterloo anéantit au mois de juin suivant. — Louis XVIII revint, régna, sut maintenir sa puissance, et il expira roi. Son rère, son successeur, le meilleur des hommes, le modèle de l'urbanité française, fut détrôné, après six ans de règne, malgré son inviolabilité consacrée par la Charte; la Monarchie légitime disparut avec lui, le 7 août 1830.

La souveraineté du peuple fut alors proclamée, et on

délégua le droit d'administration en son nom, à Louis Philippe, duc d'Orléans, qui, le 9 août 1830, reçut le titre de roi des Français, de 219 députés.

Mais, au milieu de ces innombrables changements, quel est le sort du peuple? Tel qu'un esquif, qui a quitté la rade paisible pour s'aventurer sans boussole dans le vaste océan, devient le jouet des tempêtes; tel le peuple français, battu par les révolutions, voit la prospérité étouffée, et la liberté, cette nouvelle terre promise, se dérober à ses regards, pour se transformer au loin devant lui.

CHAPITRE VI.

Titre des Royalistes. — Les plus grandes capacités, les plus grandes gloires nationales leur appartiennent.

La première Révolution accomplit des choses affreuses, elle retentit pour les peuples et les vieilles royautés comme le glas des funérailles; mais de brillants faits militaires furent au moins présentés à la France. De cette nuit de crimes surgirent des figures gigantesques qui apparaissaient au milieu des éclairs et de la foudre; ils rachetaient leur monstruosité par l'audace qui accomplit les grandes choses; ils bravèrent l'Europe, et lui firent crier merci.

La seconde Révolution ne fut qu'un nain auprès de sa mère; impuissante dans ses hommes, impuissante dans ses actes, nous l'avons vu éparpiller sa force, se couvrir de cendres, après avoir montré tant de superbe, et semblable à Hercule, filant auprès d'Omphale, nous l'avons vu devant l'Europe, affublée d'une robe de vieille femme.

Et comme si ce n'était pas assez de la faiblesse du principe, on a voulu paralyser encore les hommes appelés à le soutenir. Jamais le fameux mot de Machiavel, *diviser*, ne reçut une plus complète application. Une supériorité venait-elle à briller, l'habileté consistait à la tuer, à lui faire perdre sa puissance, à la transformer en momie politique, à placer la roche Tarpéïenne à côté du Capitole. Ainsi a procédé la politique machiavélique, qui a voulu fonder sa puissance sur des débris accumulés. Témoin, la répudiation successive de MM. de Lafayette, Laffitte, Dupont, etc.

Cette tactique a fini par produire cette opposition menaçante, croisade de diverses opinions. La solitude s'est faite de plus en plus grande autour de la prérogative ; car on peut bien jouer quelque temps avec les hommes, jamais avec les principes ; une fois renfermés dans leur cercle étroit, il ne se présente plus d'issue. Un instant on peut assoupir les esprits, un instant on peut substituer la ruse à la bonne foi, les expédients à la logique. Mais ce jeu est éphémère ; la vérité brise les masques, apparaît avec toute sa puissance, et ne laisse plus que les embarras d'une dissimulation dévoilée et affichée aux yeux de tous.

Mais ce jeu des partis, cette lutte perpétuelle des diverses coteries qui s'agitent à la surface de la société, ont-ils en perpective l'intérêt et la dignité du pays?

La France, en un mot, texte de leurs démarches, en est-elle vraiment l'objet ?

Toutes ces nuances visent au pouvoir, ce qu'elles se proposent, surtout, c'est la conquête des portefeuilles, des emplois lucratifs, pour eux et leurs créatures. Il n'y a plus qu'un fumier à la place des principes d'honneur et de désintéressement, qui étaient l'apanage des hommes de l'ancienne Monarchie. Nous gémissons sur cette douloureuse situation, qu'on semble s'être fait un jeu de créer à notre noble France ; on a renversé toutes les croyances ; on a ri de la religion, de celle de Dieu aussi bien que de la religion de l'honneur, de la morale, du désintéressement. L'intrigue s'est substituée à la vérité, la honte à la gloire. La France, éclatante de grandeur sous les Duguesclin, Bayard, Montmorency, Turenne, s'est transformée en une lice déplorable. Le piédestal, où rayonnaient ces éclatants souvenirs, a été brisé. Hauts barons de la révolution de Juillet, montrez-nous un des vôtres qui soit disposé à distribuer, comme l'a fait Turenne, sa vaisselle d'argent à ses soldats? ou, comme l'a fait de nos jours un homme célèbre, le baron Dupuytren. Quel est celui qui mettrait aux pieds de son roi malheureux un million, tiers d'une fortune acquise par les veilles du génie? Turenne était le symbole de cette noblesse généreuse qui sacrifiait tout pour la patrie. Dupuytren était le symbole de ce désintéressement monarchique qui, prenant sa source dans une généreuse conviction, résiste à l'égoïsme d'un siècle de fer. Ce fut encore Turenne qui répondait aux habitants d'une ville qui lui offraient 300,000 fr. pour que son armée ne passât pas sur leur territoire : « Je vous prie de garder votre » argent, votre ville n'étant pas sur le chemin que je dois » suivre. » De nos jours, un général d'armée regarde comme chose fort naturelle de trafiquer du commandement, de stipuler des pots-de-vin, d'escompter, à son profit, les secrets de l'Etat. De nos jours, le même général, à la tête d'une brillante et valeureuse armée, a livré à un chef de hordes les points les plus importants de l'Algérie, avant d'avoir tenté le sort des batailles, cette glorieuse loterie des Français.

Au milieu du cynisme qui se rit des lois les plus sacrées de ce cortége de roués et de cette corruption croissante, le rôle des royalistes est tout tracé. Ne convoitant rien du butin, dédaignant les dignités, ils n'ont qu'une seule mission, celle de représenter la France.

Suivez-les de la commune au parlement, et vous verrez s'ils la remplissent avec noblesse et grandeur.

Partout où il y a une injuste persécution, est-elle dirigée contre quelque ennemi de leurs principes, ils viennent jeter sur l'opprimé le manteau de leur haute position.

La cupidité s'attaque-t-elle à une commune; les royalistes rappellent les traditions d'honneur, les exemples de loyauté de la Monarchie, ils sont les gardiens des deniers du pauvre.

Dans les élections, à tous les degrés, ce n'est qu'avec leur concours que les hommes indépendants triomphent, et que les valets du pouvoir, les hommes sans conscience, sont jetés aux gémonies de la réprobation populaire.

S'agit-il des grands intérêts du pays, des maximes fondamentales de la société; ils sont infatigables dans cette lice d'abnégation et de dévoûment.

Les contribuables sont-ils écrasés par l'accroissement du budget; les royalistes sont l'organe de leurs souffrances, et réclament l'allégement qui leur est dû.

Les provinces gémissent-elles sous le poids de la centralisation; les royalistes prennent l'initiative pour signaler cette criante partialité et demander un système plus conforme à la justice et à l'intérêt général.

Les élections sont restreintes à un monopole odieux, l'immense majorité est tenue en dehors de tout droit, de toute action publique, telle qu'un troupeau d'ilotes; ce sont encore les royalistes qui deviennent les défenseurs du droit commun, et en réclament le bénéfice pour tous les Français.

Puis, voyez encore avec quelle énergie, avec quel zèle admirable, ils disputent les droits du peuple à ceux qui veulent les envahir !

Dans ces temps où le pouvoir réactionnaire semblait vouloir ravir une à une nos précieuses libertés, qui se posa à son encontre? Qui défendit la loi d'association? M. Berryer et M. Hennequin, de glorieuse mémoire. Qui défendit la liberté de la presse, et qui imprima la flétrissure sur le front des auteurs des infernales Fieschi? M. Berryer,

M. Hennequin, à la chambre des députés; MM. de Brezé, de Noailles, à la chambre des pairs. Qui fit justice de cette odieuse loi de 30 millions, qu'une majorité complaisante accorda aux Etats-Unis l'année suivante, nonobstant le cri de détresse des contribuables, affaissés déjà sous le poids des charges de Juillet? M. Berryer.

Qui fit rentrer dans le néant ces lois empruntées aux temps les plus odieux de la tyrannie des empereurs, *la disjonction, la non-révélation*? M. Berryer et ses amis.

Qui a repoussé ces lois de famille, scandale de la cupidité? les royalistes.

Qui a précipité les uns sur les autres ces ministères de coterie et d'arbitraire? M. Berryer, dont la parole, tombant comme un tonnerre du haut de la tribune, a mis plusieurs fois en déroute la phalange ministérielle vaincue.

Qui a réclamé l'amnistie, et quelle parole puissante a fait devancer le jour de la justice? Oh! c'est là une des plus nobles gloires de l'homme qui n'est plus, un des beaux fleurons d'une vie qui en compte tant d'autres d'éclatants. Que les larmes que vous avez séchées, M. Hennequin, soient pour votre tombe la rosée de la reconnaissance! Vous vous êtes éteint entre les bénédictions de ceux que vous aviez délivrés et des autres victimes qui étaient sur le point d'être rendues à la liberté par vos soins; et tel, le bon connétable, reçut dans son cercueil l'hommage des clés d'une ville qui se rendait à son ombre, tel le pouvoir, rendant hommage à votre beau caractère, déposa, sur votre cercueil aussi, les lettres de grâces des malheureux Vendéens! Assez heureux pour avoir donné l'hospitalité à un de ces malheureux, au sortir du bagne, l'enfer de ce monde, nous avons recueilli le cri d'amour et de pieuse reconnaissance qu'il vous adressait au ciel!!!

On le voit, les royalistes sont les hommes du pays. Au milieu des misérables débats, des tournois d'ambition, ils restent invariables dans leurs principes, poursuivant leur noble mission. Sympathisant à la liberté, ils ne cessent de marcher en avant de tous les développements, de tous les progrès. Ils ont fait le sacrifice de leur repos à la chose publique. Quel parti a d'aussi grandes gloires? Quel est celui qui est paré d'un si grand nombre de talents, de si hautes renommées?

Voyez-vous cette phalange, à la tête de laquelle apparaît l'immortel Châteaubriand, ce conquérant de la pensée, qui a fait de si grandes choses pour l'admiration du présent et l'étonnement de la postérité? Voyez-vous Berryer, dont la noblesse de caractère marche à l'égal d'un talent fastique; Berryer, le roi de l'éloquence, dont la parole aimante la chambre et la France entière?

Voyez encore, c'est le marquis de Brezé qui rehausse un grand nom du prestige de l'honneur et du caractère, parlant une langue divine. C'est le duc de Noailles, aussi illustre par une haute intelligence, une profonde expérience des affaires, les études les plus vastes sur tout ce qui touche aux questions intérieures et diplomatiques, que par un nom qui resplendit dans les fastes de notre histoire. C'est Bellune, cet illustre maréchal de l'Aigle impérial, créateur de l'armée qui promena, au milieu d'un perpétuel triomphe, le drapeau blanc, de la Bidaossa à Cadix, où le vieux monde avait placé les colonnes d'Hercule. M. de Valmy, le représentant de la gloire impériale. C'est M. Dubouchage, toujours sur la brêche. C'est M. Béchard, l'homme des provinces. C'est le loyal comte de Vallon. C'est M. de Larcy, qui a si bien justifié toutes les espérances qu'on avait placées sur sa tête. C'est le général Arthur de Labourdonnaye, le représentant de la vieille bravoure et de l'invariable fidélité bretonne, intrépide à la tribune comme sur le champ de bataille.

Et, en dehors du parlement, que de grandes figures jetées sur tous les points de la France, comme les arceaux indispensables au soutien d'un vaste édifice. C'est Henri de Larochejacquelein, qui porte si noblement ce grand nom, tout chargé de gloire, et qui, après lui avoir payé son tribut sur les champs de bataille, dans la campagne de Turquie, ne pouvant plus consacrer son bras à la défense de son pays, a voué ses loisirs à vaincre, par la vapeur, les sables de cette Loire, glorieux témoins de l'héroïsme et des hauts faits de sa famille. C'est le comte Auguste de Larochajacquelein, son oncle, le dernier des trois frères, que le terrible sort des combats a épargné, lui qui se précipitait toujours au plus fort de la mêlée.

C'est M. de Villèle, le sage ministre dont l'administration

fit revivre l'âge d'or de Sully avec le génie de Colbert; c'est M. de Genoude, qui cache la couronne d'épine du publiciste sous la palme glorieuse du prédicateur, M. de Genoude, qui féconde les misères de la politique de l'inépuisable charité du prêtre chrétien, qui fortifie la légitimité de son alliance avec les principes éternels de la Religion, seule base du bonheur du peuple.

C'est Laurentie qui revêt d'un atticisme plein d'élégance les grandes pensées politiques de l'historien et du philosophe.

C'est Nettement, qui attache toutes les magnificences du style aux plus hauts aperçus; le comte Walsh, qui réchauffe ses nombreux écrits de l'éloquence du cœur et du feu de sentiments tout chevaleresques.

Conny, chevaleresque par la pensée, chevaleresque par la parole, chevaleresque par les actes, et qui, comme Bayard, eut toujours pour devise : *Dieu et mon Roi*. Hyde de Neuville, ce vétéran de la fidélité aux nobles inspirations du cœur, et dont la vie est comme l'emblême de ce qu'il y a de plus élevé dans l'honneur, de plus surprenant dans le sacrifice.

Latour-Maubourg, qui mérita de Bonaparte le glorieux surnom de *Brave des braves*.

M. de Peyronnet, auquel s'appliquent si justement ces vers d'Horace ;

Impavidum ferient ruinæ ;

M. de Peyronnet, dont les écrits, mélanges de force, de noblesse, d'originalité, rappellent Montaigne et Montesquieu.

M. Clausel de Coussergues, qui a puisé, dans la science du droit et des institutions nationales, une appréciation si juste des faits politiques.

M. de Kergorlay, aussi grand par le cœur qu'il est simple dans ses habitudes, ce type de la fermeté antique coulé dans un moule breton.

Ajoutez à cela tous les grands noms de France, tout ce qui a probité, foi et vertu; et s'il est encore du respect dans le monde, si la considération, l'estime publique, n'ont pas été entièrement fauchées par l'égoïsme, la cupidité : on en conviendra, nul autre parti ne saurait offrir au pays une aussi riche moisson de services, de talents, de bienfaits.

Nous aurions une trop longue route à parcourir pour notre faiblesse, que de réunir les brillantes mosaïques dont se compose cette galerie d'illustrations, appartenant à tous les rangs de la société, embrassant tout ce qui est du ressort de la pensée et de la méditation humaine. Qu'il nous soit permis de nous arrêter à cette esquisse de quelques-unes des gloires d'une opinion à laquelle la France doit tout ce qui l'honore, et le haut rang qu'elle a eu parm les Nations.

CHAPITRE VII.

Les Royalistes représentants de la liberté et de l'émancipation nationales. — L'intérêt et la dignité de la France ne peuvent se réaliser qu'avec eux. — Ils sont les plus fermes appuis du système parlementaire.

Un mouvement s'est produit depuis plusieurs années, c'est l'unanimité des opinions indépendantes à marcher à la conquête des grands principes de liberté. Arriver à l'émancipation politique de la majorité déchue, dans l'ordre de choses actuel, de toute espèce de droit, envelopper dans une disgrâce commune le monopole et la centralisation administrative, c'est une œuvre vraiment nationale. Appuyés par les sympathies de tout un peuple, entourés de tout ce qui est jeune, généreux et libre, rien ne saurait arrêter l'essor des hommes qui l'ont entreprise. On ne fait pas reculer les idées, elles se présentent successivement; quand elles sont l'expression d'un besoin, elles grandissent et s'avancent toujours plus fortes, car elles ont le temps pour semeur. Le temps, dans la politique, c'est l'action des lois divines contre les volontés humaines ; c'est l'arbre qui pousse ses racines dans la cabane du sauvage et en soulève les ais disjoints; c'est la nature qui détruit en souriant les frêles ouvrages de la main de l'homme.

Et d'ailleurs, comme l'a dit un des grands génies de ce siécle, madame de Staël : la liberté est vieille, en France; c'est le despotisme qui est nouveau. La liberté politique, en effet, est l'arbre indigène du pays ; il fut trouvé et respecté par les Francs dans les campagnes de la Gaule ; ils y grefférent le principe de l'unité monarchique et de l'hérédité; l'arbre tutélaire ombragea nos aïeux de ses rameaux, jusqu'à ce que des mains criminelles entreprirent de l'abattre. Mais elles n'ont pu déraciner, ni les mœurs, ni les souvenirs, ni les affections ; et malgré leurs efforts, la souche, fécondée par le génie de la France, a produit des jets plus robustes et plus féconds.

Ces droits politiques, du concours de tous à la représentation nationale, ces votes de conscience et d'honneur dégagés de toute contrainte servile, de toute considération intéressée, existaient sous l'ancienne Monarchie. Nous sommes loin de ce qui avait été consacré par Louis XVI, qui préludait à la convocation de six millions de Français, en introduisant les priviléges des pays dans l'apanage qu'il avait eu d'abord comme prince. Ce droit périt avec Louis XVI, dans le grand naufrage des libertés. Plus tard, ayant complétement disparu dans l'holocauste fait au génie de la victoire, les Royalistes voulurent le faire revivre au retour de la Monarchie.

C'est ici le lieu de rendre justice à la *Gazette de France*, à laquelle appartient l'initiative de cette réhabilitation du droit commun, poursuivi par elle avec toute la supériorité du talent et la persévérance d'une ardente conviction. Ce Journal a eu l'honneur, le mérite, d'ouvrir l'ère où les opinions indépendantes, déposant leurs préventions, devaient bientôt se ranger sous le drapeau où, le premier, il avait inscrit ce mot : *Réforme*.

Mais trop préoccupé du but qu'il se propose, peut-être n'a-t-il pas donné la même attention au moyen propre à réaliser le grand principe qui fut long-temps l'incontestable propriété de la France. Nous l'avons dit, autrefois, la Réforme, c'est le but, et cette question a fait tant de progrès, appuyée qu'elle est aujourd'hui par 300,000 signatures, que le principe est généralement admis; mais le moyen d'y arriver, c'est le système parlementaire, dont M. Berryer est l'illustre représentant. Ces idées se tiennent, elles sont corrélatives, inséparables; l'une est le complément de l'autre. Le système parlementaire est la grande route qui conduit à la restauration du principe qui fit long-temps notre gloire et notre prospérité ; c'est le champ de bataille qui permet à l'action, à l'influence royaliste, de se produire.

Lorsqu'eut éclaté la Révolution de 1830, beaucoup d'hommes honorables crurent devoir se tenir à l'écart; dominés par de nobles scrupules, ils refusèrent de participer au mouvement politique. Leur mobile était pur, sans doute, mais l'événement a prouvé qu'au point de vue politique c'était une immense faute. L'opinion qui se retire de la lice consacre la défaite en échangeant, pour un tombeau, l'avenir, qui appartient à la vie active, à de constants efforts, à l'autorité de grands principes, incessamment rappelés à la société.

Ce fut, dominé par ces considérations trop vraies, que M. Berryer resta à la Chambre, convaincu que, puisque la Révolution de Juillet l'avait entraîné sur un nouveau terrain, il ne fallait pas aller se briser contre un fait s'élevant comme un mur d'airain, il ne fallait pas abdiquer le devoir de Français envers son pays, mais après une protestation réclamée par sa conscience fidèle, rester sur la brèche pour y défendre la dignité de la France à l'extérieur, et ses intérêts à l'intérieur.

Dès lors le système parlementaire lui parut le meilleur, parce qu'ensuite, hors de là, il n'y avait plus pour les Royalistes que l'ilotisme, lot d'une impassible attitude ; ou, s'ils venaient en aide au pouvoir, la désertion la plus lâche de leurs principes, en même temps que l'abdication coupable de la ligne nationale.

Au contraire, en se posant dans un système qui devait rallier à lui tous les hommes indépendants, en sollicitan des résultats parlementaires qui fussent une vérité décou lant des principes établis, M. Berryer nationalisait le prin cipe dont il était le représentant, et faisait fléchir les inté rêts mesquins de la Révolution de Juillet sous le gran intérêt national auquel, dans cette lutte, la victoire devait nécessairement livrer l'avenir.

C'est là un aperçu de génie; voyez ce qui est arrivé.

D'un côté, des hommes ayant prodigué les promesses, ayant fait reluire la perspective de toutes les franchises, de tous les bonheurs, de toutes les gloires, ayant, par des événements retentissants, tels que la destruction de la Monarchie, les conditions imposées à Louis-Philippe, consacré le système des majorités, se sont mis à se débattre contre la puissance à laquelle ils devaient le pouvoir, et à vouloir qu'elle s'attela, soumise et obséquieuse, au char de la prérogative royale.

Ce peuple, dont on avait exalté l'intelligence, les lumières, n'a plus été, après la victoire, qu'un peuple incapable de savoir jusqu'à quel degré de liberté il pouvait raisonnablement prétendre, et qui, livré à ses seules inspirations, finirait par ne trouver, dans l'usage aveugle du droit d'élection, que les hontes du despotisme ou les horreurs de l'anarchie.

On a donc, comme simulacre, abaissé le cens de quelques dizaines de francs, élargi le cercle en y laissant entrer quelques milliers d'électeurs; puis ce cercle s'est refermé, et tous ceux qu'il a laissés en dehors sont restés seuls avec leurs illusions évanouies, et le sentiment de leurs droits méconnus.

Et pendant ce temps-là, pendant que des milliers de réclamations se faisaient jour de toute part, loin de reconnaître le pouvoir même de cette chambre de monopole, d'une représentation ainsi tronquée, on cherchait à conquérir, pour l'autorité royale, une prépondérance au moyen de laquelle elle pût promener, en tous sens, sur l'administration et sur le Gouvernement du pays, une volonté souveraine, en se réservant le monopole de l'initiative aussi bien que de l'exécution.

Il n'y avait que le système parlementaire qui pût en finir avec la prérogative, et réaliser la réforme par la commune et la chambre, par les intérêts comme par l'intelligence, en appelant le concours et l'action royaliste, pour accomplir cette grande œuvre. Grâces à lui, les Royalistes ont pu entrer dans la vie active, prendre leur part de mouvement social, se lier à tous les intérêts du pays.

Et pour faire comprendre l'importance de cette position, la grandeur des services rendus par ceux qui l'occupent, qu'il nous suffise de rappeler que c'est en vertu de cette tactique habile des Royalistes, de leur concours dans les élections, de la ligne parlementaire dont ils ont été, dans la Chambre, les plus fermes soutiens, que le Gouvernement occulte a rendu les armes, et qu'on a fait rentrer dans le néant tous ces projets de loi, flétrissure pour la liberté, honte pour le pays, ruine pour les contribuables.

Dans un moment où le monopole attaqué, flétri de toute part, se débat dans les convulsions de l'agonie, c'est un beau rôle d'être en avant des idées de progrès et de justice. En vain les hommes du privilége ont recours à l'artifice et au mensonge, en vain ils évoquent le fantôme de la République, les Royalistes n'en continueront pas moins à répudier ces apostats.

Et qu'ils ne pensent pas avoir à redouter quelque chose de ce mouvement; ce ne sont pas eux qui l'ont fait, ce ne sont pas eux qui ont fait fermenter toutes les idées, dont les conséquences menacent ceux-là même qui les ont déchaînées; il faut donc qu'ils suivent le cours du siècle; c'est un compte à régler entre le nombre des idées et des suffrages.

Nous terminerons ce chapitre en revenant sur une pensée déjà exprimée, car nous sommes comme ébloui de sa lumière, révélée par l'histoire et la marche rapide des événements dans ces quarante dernières années.

Nous sommes avec les idées et non avec le monopole, nous sommes avec les idées et non avec les charlatans qui rétractent ce qu'ils avaient promis. Et d'ailleurs, on ne les arrête pas, les idées ! Quand Bonaparte n'a pu leur tracer un lit avec sa glorieuse épée, qui pourrait l'entreprendre ? L'orgueil doctrinaire; mais voyez où il en est réduit pour l'avoir osé !!

CHAPITRE VIII.

Lutte entre la prérogative Royale et Parlementaire ; — Triomphe de de cette dernière, écrit dans la Constitution. — Les principes, en politique, produisent toujours leurs conséquences, en dépit de tous les obstacles.

La question engagée en 1830 consistait à savoir à qui, du Roi ou des Chambres appartiendrait le Gouvernement. Les journées de Juillet, sanctionnées par la Chambre des députés, élevant, à la place de la vieille Monarchie qu'ils répudiaient, le trône citoyen de Juillet, se chargèrent de résoudre la question. Par suite, l'action prépondérante passa dans la chambre élective ; bien plus, tous les actes de la chambre de 1830, l'abolition de l'hérédité de la pairie, le partage de l'initiative avec la couronne, les conditions faites à Louis-Philippe, eurent pour but de mettre le fait du Gouvernement parlementaire hors de toute contestation. Mais, en dépit d'une consécration si formelle, gravée en traits de feu par le volcan révolutionnaire, il se trouva des hommes qui essayèrent, à force de ruses et de roueries, à transformer le régime constitutionnel en une sorte d'aristocratie royale, entouré de conseils facultatifs, sous prétexte que la véritable représentation du pays est dans un pouvoir élevé, permanent, immuable, personnification vivante de l'ordre et de l'unité qui domine tous les intérêts et toutes les passions.

Mais on a beau faire, on ne change pas la nature des choses ; les principes proclamés ne sont jamais stériles; tôt ou tard ils triomphent des obstacles que les hommes et les événements leur opposent. Le résultat de la lutte ne pouvait être incertain ; aussi bien se sont réalisées de plus en plus nos prévisions exprimées tour à tour dans la *Gazette du Centre* et l'*Europe Monarchique*.

Dans cette lutte entre la prérogative royale et parlementaire, il n'y avait pas à hésiter. Tout ce qui est indépendant et de bonne foi devait se rallier sous le drapeau parlementaire, élevé par l'indignation contre les courtisans et les favoris qui voulaient retrouver, dans une Révolution, les formes dont elle avait détruit le principe.

Cependant, les avertissements n'ont pas manqué à cette réaction monarchique. Les échecs se sont multipliés, lui sont venus de toute part, pour l'arrêter dans ses prétentions.

C'est la cour de cassation qui commence par enterrer l'état de siége ;

C'est la chambre des pairs qui dit arrière à la loi sur l'état de trouble ;

C'est la garde nationale qui fait rentrer sous terre le projet des forts détachés ;

C'est la chambre des députés qui fait justice des lois de disjonction, d'apanages.

Il y a donc nécessité, pour le Gouvernement, d'être soumis au principe qui l'a fondé. Le Gouvernement parlementaire ayant été proclamé, à lui la puissance ! Il y a nécessité pour les autres pouvoirs de s'effacer devant lui : c'est le véritable souverain de l'époque. En Angleterre, la royauté ne tenta pas de déclarer la suprématie du Parlement, une fois que l'aristocratie l'eut fait triompher. C'est par le système parlementaire que les lords, maîtres du pouvoir, ont si long-temps gouverné le pays. Si le monarque anglais eût voulu faire prédominer sa volonté, il aurait expié sa témérité en subissant le sort de Jacques II.

Au surplus, chaque Gouvernement a son principe, et ce n'est qu'en y restant inviolablement fidèle qu'il peut se maintenir. Aux Etats-Unis, le principe est démocratique, et l'observation, l'application vraie, sincère de ce principe, ont fait la prospérité de cet Etat depuis sa fondation.

Autrefois, en France, le principe était monarchique ; nous avons dit ailleurs ses résultats pendant douze siècles. Aujourd'hui, c'est le système parlementaire qui est devenu la loi dominante. La chambre des députés est le principe d'action du Gouvernement; on ne saurait aller à son encontre. De la part du pouvoir, c'est un escamotage de la constitution ; de la part des partis, ce serait l'abdication de tous droits, de toute influence. A quoi bon tant de ruines accumulées, de perturbations sociales, des sacrifices énormes en tout genre, pour arriver à une déception ? L'opinion royaliste, moins que toute autre, ne saurait accepter l'ilotisme; et puisqu'on a renversé la monarchie malgré elle, c'est bien le moins que ceux qui ont eu les profits de la victoire en subissent les charges.

Ce mouvement, dérivant de la situation des choses, des principes proclamés, s'est de plus en plus fortifié. Sa violence a été en raison de la force qu'on a mise à le confirmer. Ainsi il arrive toujours, quand du sein d'une Révolution surgissent des hommes qui tentent de lutter avec la ruse contre le fait dominant. La camarilla a bien pu reculer le moment de sa défaite ; mais la supercherie ne saurait être un moyen durable, et fonder un système. On peut bien, à l'aide d'une escouade d'eunuques, former une majorité ; mais on ne se joue pas long-temps des institutions politiques d'un pays. Les peuples arrivent à ce qui leur est promis, soit par des commotions bruyantes, soit par des bouleversements. Assez d'exemples témoignent de cette vérité.

Aussi, dans cette lutte, nous avons vu l'opposition grandir et dresser sa tente menaçante dans le sein même de la camarilla. Vaincue dans la Chambre, celle-ci a recours au pays. Elle s'adressait bien, vraiment ! La coalition triomphe, c'en est fait. On croit par terre le système d'inféodation à la pensée du maître qui venait d'être frappé d'une éclatante et universelle réprobation.

Nonobstant une si rude leçon, le système ne s'est pas tenu pour battu. Il essaie d'opposer une digue au mouvement, il fait une défection, enrôle les Passy, Teste, Dufaure; ces fiers puritains deviennent aussitôt les hommes liges de la pensée immuable, et la voici continuant ses chères habitudes, sourde aux protestations de la presse, aux mille cris de la réforme, et tentant une nouvelle moisson d'or et de domaines, au milieu de la détresse publique et des cris de désespoir des fortunes croulantes.

Mais là devait se rencontrer pour elle la borne fatale dans ce siècle d'intérêt et d'argent; la tentative la plus dangereuse, c'est de s'attaquer à la bourse de tous; aussi la Chambre, trouvant cette façon par trop dégagée, donne un rude soufflet à la dotation; et voici le système souffleté d'une manière bien autrement grave encore, obligé de faire amende honorable et de subir son plus impitoyable, son plus dangereux adversaire.

M. Thiers est au pouvoir; ce n'est pas nous qui pouvons avoir des sympathies pour cet homme; il ne peut avoir notre estime, il ne peut avoir notre amitié, son passé a imprimé sur son front une marque indélébile que nous ne saurions lui pardonner. Cependant il nous faut convenir que nous préférons M. Thiers, ministre adversaire du gouvernement personnel, aux hommes du château qui ont traité la liberté, leur mère, comme l'honneur, cette vieille idole de nos pères, qui ont échappé aux souvenirs glorieux de la vieille Monarchie, aussi bien qu'aux vigoureux instincts des trois journées.

Qu'ont-ils fait de cette France, ces hommes?

Ils ont créé une nation dans la nation, des intérêts dans un intérêt, une corruption ministérielle qui, au lieu de répandre les améliorations avec justice et impartialité, en faisaient le prix de la complaisance d'un député et de la soumission des électeurs.

Le temps de cette politique bâtarde et ridée est fait; M. Thiers ne peut aujourd'hui venir s'y abîmer de même que ses prédécesseurs. Son origine, la ligne qu'il a suivie à la Chambre, ses engagements avec l'opposition, le sentiment de son intérêt, tout lui fait une loi de ne pas abdiquer le représentant de la Chambre pour le limier de la camarilla. Il s'est posé comme l'antagoniste du château; il ne peut humilier sa superbe à ce point d'en endosser la livrée.

Tels étaient les points de vue que nous exprimions (1) lorsque M. Thiers fut appelé au pouvoir. La ligne qu'il a suivie les a justifiés, en frappant de déchéance de plus en plus le gouvernement personnel, but que voulaient atteindre toutes les opinions indépendantes.

(1) *Gazette du Centre* du 21 Mars 1840.

C'est par ces considérations, confirmées par l'évènement que nous préférons M. Thiers, qui est le mouvement escaladant le pouvoir, ouvrant à la politique une ère nouvelle à un ministère de 221.

Certes, le chef du cabinet actuel ne peut pas plus représenter nos idées que M. Molé, homme servile, que M. Guizot, le promoteur des lois impitoyables. Nous rejetons les principes des uns et des autres aussi bien que leur politique. Dans aucun camp nous ne voyons la dignité extérieure du pays défendue et respectée; les principes, les sentiments, les intérêts vrais de la France, planter au pouvoir une bannière glorieuse, au milieu de la reconnaissance des populations. Mais les Royalistes sont surtout ceux qui tiennent compte des idées du siècle, du mouvement des lois humaines; ainsi, ils ne peuvent jamais se trouver avec les doctrinaires, avec les 221, ces hommes d'un autre âge, qui ne sont ni dans le passé ni dans l'avenir, dont le génie a la prétention d'enter la Monarchie sur des actes révolutionnaires. Les Royalistes ne peuvent se rendre complices de ces renégats de la glorieuse Monarchie, abîmés d'impopularité ; le siècle échappe à leur ambitieuse convoitise. Ces hommes sont morts ; toutes les malédictions, les humiliations chargent leur tombe d'un poids immense. Ce n'est pas à nous de l'alléger.

M. Thiers au moins n'a pas renié son baptême; il s'est placé omme l'homme de l'avenir, il s'est appuyé sur le mouvement parlementaire. Au milieu de la décomposition des éléments sur lesquels on a voulu fonder la Royauté de Juillet, il veut l'arracher, lui, aux tendances qui la poussent à réédifier à son profit les ruines qu'elle a faites. M. Thiers veut substituer à ces efforts de moribond le en-avant des idées de gauche; le pouvoir, au contraire, veut monter sur des montagnes inaccessibles à sa faiblesse. M. Thiers, lui, veut lancer le pouvoir dans une marche descendante. C'est d'ailleurs une conséquence de son alliance avec la gauche.

Ainsi tout se réunit pour tracer à M. Thiers une voie hors de laquelle son ministère serait comme un arbre sans racines, que le premier coup de vent vient abattre.

M. Thiers agissant ainsi, est logique dans son système; sa position, les circonstances dans lesquelles il est placé lui en font une loi. Sa destinée est écrite d'avance dans cette phase. M. Thiers a trop l'intelligence de son époque pour ignorer qu'on ne fait pas rebrousser le temps et les idées. On ne remonte pas le cours des siècles. L'historien de la révolution sait trop, qu'à moins d'avoir le bras d'un Napoléon, on ne peut poser une digue aux idées qui s'emparent d'un peuple; car la puissance des instincts des peuples est invariable dans ses causes comme dans ses effets; témoins les événements qui se sont passés en France, en Espagne, en Allemagne et en Angleterre.

Dans cette situation, le rôle des Royalistes se dessine naturellement; si, par leurs idées, leurs sentiments qui ont fait la grandeur des rois, la puissance et la majesté des gouvernements, ils répudient M. Thiers ministre, comme tous les ministres de la révolution, ils répudient M. Thiers, déserteur des intérêts de la France dans l'alliance anglaise, à laquelle, par une infirmité de sa nature, s'est attelé le Pouvoir de Juillet au mépris de la fortune et de l'honneur du pays; mais ils appuieront M. Thiers, en tant qu'antagoniste de l'influence occulte et du gouvernement personnel; ils appuieront M. Thiers, préparant les voies à la réforme, ou plutôt, comme un acheminement vers elle; ils appuieront M. Thiers, brisant le pouvoir de la Cour; ils appuieront M. Thiers, voulant la vérité du gouvernement parlementaire, sa liberté, son efficacité; ils appuieront M. Thiers, empêchant le pouvoir de se concentrer dans les mains où il est le plus dangereux, où il ne peut rester que pour la ruine de tous les droits, de tous les intérêts, par le sacrifice des plus précieuses libertés; car il importe, surtout, de ne pas lui assurer un brevet de longue vie. Vouloir faire de la Monarchie au profit de pareils hommes, c'est perpétuer dans la Nation le règne de l'apostasie, la violation des lois morales, le règne des désordres qui ravagent la société.

Les légitimistes, maîtres de la majorité, sont personnellement en dehors du débat. Cependant, ceux qui les ont dépouillés et trahis invoquent leur appui. Qu'ils viennent à nous, ces transfuges, s'ils ont besoin de nos principes et de notre concours; mais nous ne saurions nous faire les complices de leur apostasie. Bien loin de là; en tant que le procès est entre la Cour et l'opposition, c'est à nous à donner gain de cause à l'opposition.

Telle est la voie à suivre, selon nous; tout autre ne pourrait que fortifier le gouvernement personnel, c'est-à-dire, ce qu'il y a de plus dangereux pour les opinions indépendantes, de plus antipathique à la France. Les Royalistes sont surtout les hommes de la France et de la liberté. Agir ainsi, ce n'est pas fortifier la révolution; si quelque chose doit l'arrêter, au contraire, c'est la fidélité des royalistes à combattre avec leur religion et la liberté légale. Posés de la sorte, ils n'auront rien à craindre des systèmes révolutionnaires. Royalistes, nous vous dirons, en empruntant les paroles du grand Châteaubriand : « Vous avez » devant vous la plaine ou le précipice; il faut marcher ou » tomber; c'est à vous de choisir : voilà tout? »

CHAPITRE IX.

La Révolution antipathique à la Liberté. — Développement des institutions, favorisé toujours par nos Rois. — La centralisation, machine infernale créée par la Révolution contre la Liberté. — Abaissement de la commune dans ce système. — Conséquences funestes qu'il entraîne.

La France en est donc réduite, après deux Révolutions, à un régime où un préfet et un ministre peuvent prescrire des impôts locaux, et réformer la dispensation qu'une commune a faite de ses revenus. Il n'est pas d'exemple d'un pareil arbitraire, même dans les temps de la puissance la plus absolue de nos Rois. A sa suite, et comme faisant naturellement partie de sa famille, marchent le monopole, la vénalité, la corruption.

La Révolution a répudié constamment nos vieilles franchises, nos anciennes libertés, comme incompatibles avec son joug pesant, comme obstacle à ce despotisme administratif, qui fait la seule force du despotisme politique sous lequel la France a été gouvernée par les constituants de 91, les conventionnels de 93, les bonapartistes de l'Empire, les doctrinaires de 1814 et de 1830. A l'ombre tutélaire du principe de la légitimité, elle avait marché toujours à de nouvelles conquêtes. Sans parler des capitulaires de Charlemagne et des Champs-de-Mai, qu'il nous soit permis d'esquisser rapidement ce que nous dûmes à l'esprit progressif de nos Rois.

Hugues Capet reconnut et proclama la loi salique, principe de l'unité et de la grandeur française. Louis-le-Gros affranchit les communes. Saint Louis fonda les justices royales, base magnifique de l'organisation judiciaire en France. Philippe-le-Bel rendit les parlements sédentaires et admit le tiers-état dans les Etats-Généraux. Louis X commença l'abolition du servage. Charles V convoqua les Etats-Généraux, qui refusèrent de ratifier le traité, arraché par les Anglais au roi Jean, en vertu duquel le beau royaume de France était dépecé par les amis de la royauté de Juillet. Charles VII appela les Etats pour concourir aux mesures les plus importantes, et leur coopération servit puissamment à l'œuvre réparatrice qu'il accomplit. Louis XI, la figure la plus sombre, la plus cruelle qui occupa ce trône, Louis XI, qui fait exception à cette nombreuse lignée de Monarques, bons, paternels, cléments, convoqua aussi les Etats-Généraux, afin de décider la grande question de la cession de la Normandie au duc de Berry, son frère, par le traité de Conflans. Cette grande province avait été démembrée de la couronne, et il s'agissait de la faire rentrer dans l'unité, moyennant quelques compensations bien légitimes. Voici un passage de la réponse de l'assemblée :

« Si monsieur Charles, dirent les Etats, ne se veut con-
» tenter de ce que le Roy lui offre, et qu'il meuve guerre
» au Roy, lesdits trois Etats, dès maintenant, pour lors,
» *parce qu'ils ne se peuvent pas si souvent rassembler*, accor-
» dent, promettent et consentent de servir le Roy en cette
» querelle et de venir à son mandement, et que si mon-
» sieur de Bretagne fasse guerre, ils offrent au Roy, outre
» les diligence et fidélité qu'ils lui doivent de nouveau et
» d'abondant, de le servir en cette cause et querelle, de
» corps et de bien, et de tout ce qu'ils pourront faire, jus-
» qu'à la mort inclusivement. »

Sous Charles VIII, Louis XII, Henri IV, Louis XIII et Louis XVI, les assemblées générales et librement élues venaient concourir à la législation, discuter et accorder l'impôt, que les Etats des Provinces et les assemblées municipales répartissaient ensuite sur tous les contribuables qui avaient participé à leur élection.

Mais vint la Révolution, et les hommes qui avaient proclamé la liberté commencèrent un système de despotisme politique et administratif, et comme levier, ils eurent recours à la centralisation.

Avant eux, nous devons le dire, Richelieu, Mazarin, Louis XIV, avaient bien porté quelque atteinte au pouvoir municipal ; mais Louis XVI avait restitué au pays ses libertés, ses droits, ses assemblées provinciales ; les provinces avaient leurs administrations ; les villes, les communes, la libre disposition de leurs propriétés, de leurs affaires.

Mais de telles institutions ne peuvent s'harmoniser avec la nécessité d'arbitraire, dominant tous les pouvoirs nouveaux qui ont passé depuis dix ans. Ainsi, la Constituante, la Convention, la République, l'Empire, la Charte des doctrinaires en 1830, la loi de 1833, furent unanimes à réaliser tous les monopoles, tous les priviléges, à afficher le mépris des droits comme des principes.

Et pour consacrer tout cela, pour réaliser leurs vues étroites, égoïstes, ils ont commencé par établir la centralisation, la *centralisation*, qui, selon Benjamin Constant, *est une entrave jetée par le despotisme au progrès des sociétés modernes.*

Grâce à elle, ils ont fait de l'argent la mesure de la capacité ; ils ont fait du serment et du cens la condition, la source des droits de cité, d'élection. De la sorte, les communes ont été inféodées au bon plaisir des sous-préfets et des préfets ; de la sorte, les budgets des communes et des villes sont réglés arbitrairement par les préfets et par les ministres ; de la sorte, les deniers communaux s'engouffrent dans les coffres du trésor ; et le pouvoir, de même que le sultan, envoie ses visirs dans toutes les parties de la France, dispose de tous les emplois, à la stupéfaction des localités auxquelles toute intervention, tout choix sont interdits. Ils ont fait de l'éducation un monopole odieux, une tyrannie des sentiments les plus intimes de la nature, une violation des droits les plus sacrés de la famille et du citoyen, avec le système universitaire, englobant dans ses serres les colléges aussi bien que les écoles primaires, pour aboutir à la confiscation de la puissance paternelle et des lumières, en constituant la féodalité de la pensée, de la science, du savoir, au nom de la civilisation et de la liberté.

Déjà nous avons montré ce qu'étaient les conseils municipaux d'arrondissement et les conseils généraux. La Révolution a jeté par terre la liberté des administrations locales, la commune n'a plus d'hommes à elle, rien ne la protége contre les envahissements du pouvoir. Jadis elle n'avait pas de soutiens plus actifs que ses officiers municipaux, appelés échevins.

Là se trouvait pour elle protection permanente, zèle infatigable pour le développement de son bien-être. Il y avait entre le peuple et ses magistrats un lien puissant, communauté d'amour et d'intérêt. L'autorité, faisant partie de la cité, tirait sa gloire de ce tout qui ajoutait à sa prospérité, à son bien-être. Que de garanties données à la liberté! Quel bel édifice que celui qui commençait aux Etats-Généraux des provinces, avec leurs comités, leurs trésoriers, les libres élections des officiers municipaux, les associations, toutes institutions successives remontant à l'origine de la

Nation, pour finir à l'assemblée des Etats-Généraux, où se traitaient les intérêts du royaume (1) !

En regard de ce tableau, voyez l'œuvre révolutionnaire ; quel mensonge, quelle supercherie de liberté ! Les constitutions de l'an III, de l'an V, de l'an VIII, avaient créé des assemblées primaires de cantons, de districts librement élus, etc. ; la constitution de l'an III fut une lueur d'un moment qui éteignit le despotisme, alors qu'elle commençait à paraître ; la constitution de l'an V est étouffée sous le 18 fructidor ; la constitution de l'an VIII s'éclipse devant les sénatus-consultes, et ses débris vont naufrager dans l'océan impérial. C'est donc à la vieille France qu'il faut remonter pour trouver la vraie Charte de nos libertés.

Le monopole, attaché à notre époque, tire toute sa force de la centralisation ; brisez-la, le monopole, tel qu'un géant aux pieds d'argile, ira s'abîmer dans la poussière. La centralisation, sous le triple rapport moral, politique, matériel, produit les plus funestes effets ; elle livre les deniers communaux au libre arbitre des agents du pouvoir ; elle concentre, à Paris, toutes les capacités, toutes les ambitions légitimes, tous les capitaux, au préjudice des départements,

(1) Nous parlons ici de la centralisation administrative qui, comme l'a dit M. Béchard, est un dissolvant social, un instrument de despotisme et de démoralisation, une cause incessante de révolutions politiques. Quant à la centralisation des intérêts généraux, elle est aussi utile que l'autre est funeste.

de l'agriculture, de l'industrie ; elle appauvrit les provinces par cet énorme prélèvement d'impôts qui leur enlève un numéraire qui ne revient plus vers elle ; elle élève une seule ville sur la ruine de toute la France ; elle ouvre un vaste champ à l'intrigue, à l'agiotage, à la corruption ; elle est destructive de la moralité comme de la fortune publique, des progrés et de la liberté.

Dans la vieille France, tout était fait pour attacher le citoyen à son pays ; aux hommes de la localité, identifiés avec les besoins, la considération, l'honneur de la représenter. Aujourd'hui où toute individualité, toute nationalité se trouvent absorbées par Paris ; aujourd'hui où les vieilles familles et avec elles les vieilles traditions se dispersent ; où des étrangers, dans leur passage à travers nos villes, s'emparent du pouvoir ; où l'homme du gouvernement est tout : on voit des localités, des départements pousser la stupide servilité jusqu'à jeter leurs suffrages à la tête d'un inconnu, de quelque séide du pouvoir. C'est ainsi que nous avons vu le département où nous écrivons, presque exclusivement représenté par les Saint-Marc-Girardin, les Edmond-Blanc, etc., gens dont les électeurs ne connaissaient pas même le nom avant l'élection, passant néanmoins sur le corps des plus hautes notabilités, établies dans la considération publique par les longues années d'une vie sans reproche.

Oh ! nos vieilles villes endormies, nos vieilles franchises étouffées, qui donc nous les rendra vives et rajeunies, répandant sur tout le sol français la sève qui se porte au cœur pour s'y éteindre et s'y corrompre? Quand verrons-nous reverdir le chêne, image de nos antiques et *honnestes* libertés? Quand les plus beaux titres, préférés aux faveurs du pouvoir, se trouveront-ils, comme autrefois, dans l'élection et la vénération de nos concitoyens? Espérons qu'alors la centralisation, ce tronc infect et pourri d'où sortit le règne des échafauds et de la terreur, aura été extirpée de la terre qu'elle a envahie, telle qu'une plante parasite; alors, oh! peut-être alors, verrons-nous briller à l'horizon l'astre qui fera refleurir les libertés, notre antique et précieux patrimoine.

CHAPITRE X.

Système parlementaire. — Nécessité de s'y placer pour les Royalistes, aussi bien que pour les opinions indépendantes. — Comment procèdent les Révolutions. — Ce qu'il y a de faux dans l'organisation des Conseils municipaux, d'arrondissement, généraux. — Le système parlementaire, point commun où peuvent se rencontrer les partis. — Les Royalistes, seuls adversaires sincères du monopole. — Considérations historiques. — Les anciens Parlements.

Dans la situation faite au parti royaliste, dans le système créé par la Révolution de Juillet, le système parlementaire est le drapeau sous lequel il doit s'abriter. D'ailleurs, il faut prendre les choses telles qu'elles sont ; il faut adopter ce système ou rester parqué dans l'ilotisme ; il faut adopter ce système ou déserter son droit de citoyen, apostasier ses doctrines. Hors de là, que voulez-vous faire? de la Monarchie, au profit de la dynastie? mais c'est biffer, d'un trait de plume, vos doctrines d'honneur, et méconnaître l'esprit et les besoins de votre époque ; Ou bien vous retirer dans votre tente, comme Achille? mais c'est laisser l'ennemi se fortifier de votre désertion, c'est lui abandonner le terrain que vous occupiez, le rendre inexpugnable dans les positions qui vous étaient acquises. M. Berryer a démontré, avec toute l'ascendant de sa supériorité, que le système parlementaire était la seule voie ouverte aux Royalistes. Nous l'avons proclamé, des premiers, dans la presse. Les journaux royalistes nous suivirent sur ce terrain.

Voici comment s'exprimait la *Gazette de France:*

« Le gouvernement parlementaire est donc un principe » qu'il faut maintenir à tout prix, parce que c'est un moyen » d'arriver sans secousse et sans révolution à la Monarchie, » qui est le besoin de la France, et à laquelle on n'arrivera » jamais par la suprématie de la Cour, qui ne peut produire » que le despotisme.

» Voilà qui doit être bien compris par les Royalistes à » l'approche des élections.

» Il leur faut la réforme, pour faire entrer un jour 120 » Royalistes dans la Chambre, et le principe de la suprématie » de la Chambre, pour que la France puisse être sauvée, » comme elle a été perdue : par la majorité parlementaire. »

» C'est beaucoup que d'avoir gagné un principe ; une » conséquence mène à une autre ; le principe parlementaire, conquis dans les élections, renferme en lui tout l'a- » venir des Royalistes et de la France.

» Il était important d'avoir le principe parlementaire, » car avec lui on doit obtenir la liberté de discussion et la » réforme par lesquelles tout devient facile, et sans lesquel- » les la porte resterait fermée à toute amélioration comme » à toute modification.

» Sans le principe parlementaire, on resterait stéréotypés » dans les idées gouvernementales et immuables, d'où il ne » serait possible de sortir que par des désordres et la vio- » lence. Avec le principe parlementaire, tout ce qu'une ma- » jorité voudra pour le salut et le bonheur de la France, » s'accomplira sans secousse, sans guerre civile et sans » guerre étrangère.

» Le principe parlementaire conduit à la liberté de dis- » cussion, de proposition et de vote, telle qu'elle a existé » lorsqu'on a fait la charte et la royauté nouvelle. Sous ce » principe, on se dégage des questions de personnes, ou » plutôt tous les principes peuvent être posés et produire » leur représentation.

» La réforme est une autre conséquence de cette liberté » et de la puissance parlementaire; et la réforme donnant » le vœu national devient supérieure à tous les actes du » monopole qui ne représente qu'une minorité. Si le mo- » nopole a été révolutionnaire, la réforme peut être mo- » narchique; si le monopole a méconnu des droits, la ré- » forme a la puissance de les reconnaître et de les rétablir; » si le monopole a agi dans le passé, la réforme peut dispo- » ser pour l'avenir.

» Nous n'avons pas besoin de nous étendre davantage » pour faire sentir combien est importante la conquête du » principe parlementaire. On voit clairement que, de con- » séquence en conséquence, il doit réaliser les vœux que » nous formons pour le rétablissement de l'ordre dans ce » pays, et la conciliation de tous les partis autour d'un » même principe et d'une même personnification. »

Après une adhésion si bien formulée à la doctrine politique, dont l'*Europe Monarchique* avait pris l'initiative, il n'y a plus qu'à suivre le développement du système parlementaire aux diverses phases de l'ordre et de la hiérarchie politique.

C'est par une communauté d'efforts, de conditions, de pensées, c'est en se ralliant au même drapeau, que les Royalistes seront forts. Hors de là, ils se suicident eux-mêmes par ces points de vue divers qui, en rompant leur phalange, les laissent sans force, et les livrent tour-à-tour au despotisme de tous ces essais de pouvoir, fragiles édifices d'un jour, élevés aujourd'hui, engloutis demain dans le sable qui formait leur base.

Les Révolutions ne peuvent créer leur pouvoir que par la division des partis, et en les désarmant par l'individualisme qui est la négation de tout esprit public; de là ce despotisme odieux, fatal, inexorable, auquel rien n'échappe: ni génie, ni mérite, ni probité, ni bourgeoisie, ni peuple, ni noblesse.

Ainsi, 89 détruisant toutes les associations, bouclier des libertés politiques et provinciales, sous l'ancienne Monarchie, aboutit à une égalité de servitude pour tous, au milieu de laquelle le despotisme administratif peut promener sans obstacles et à volonté ses mille caprices.

1830 ne procéda pas autrement. Au milieu de vicissitudes diverses, la commune avait pourtant retenu certains droits.

La loi municipale, votée en 1833, en fut la confiscation; car ce fut une de ces fictions décevantes qui, en donnant un droit, l'entourent d'une complète paralysie. On ne saurait définir autrement une loi qui rend obligatoires les dépenses de la commune et les recettes forcées.

Des arrêtés de ministres et de préfets suffisent pour annuler des délibérations et rendre exécutoires les impôts que la représentation communale a refusé de voter. Les communes, aujourd'hui, ce n'est plus la réunion des citoyens d'une localité, ce sont les préfets et un ministre.

Une loi a dit aux localités : Vos notables nommeront les membres du conseil municipal; cela avait quelque apparence de liberté.

Une autre loi est venue, qui a dit : Ce que votre Conseil municipal votera, nous aurons droit de l'annuler ; ce qu'il ne votera pas, nous aurons la faculté de le prescrire ; s'il refuse de faire une dépense que nous jugerons convenable, cette dépense sera faite malgré lui ; s'il ne veut pas voter l'impôt, nous l'établirons nous-mêmes, et le ferons prélever de notre seule autorité.

N'est-il pas évident que, par-là, le vœu de la commune n'est plus rien, puisque la volonté ministérielle est tout dans les affaires communales? N'est-il pas démontré que la loi paralyse dans son libre arbitre la représentation locale, et révoque, par le fait, la loi qui accorde à la commune le libre choix de ses représentants?

Ainsi, on s'est donné le mérite d'une concession par l'établissement d'électeurs communaux, mais on a confisqué les attributions. Les populations comprennent toute l'insignifiance de la loi communale ; aussi, quelle profonde indifférence se manifeste sur tous les points de la France, et dans le midi surtout, pour l'exercice de ce droit!

La cause de cette apathie, de cet éloignement des populations, a sa source dans la loi même. Cette loi municipale, qui réduit aux proportions de bureaux domestiques, les fonctions des conseillers municipaux, n'offre rien aux ambitions légitimes, laisse les citoyens froids en présence d'un banquet trompeur qui leur est offert. Ils sentent, en effet, que, de même qu'à la table où Caligula faisait servir des mets en peinture à ses convives, il n'y a dans cette loi qu'un simulacre de droits, faisant une chimère de l'élection et du titre de conseiller municipal. Aussi, qui recherche les fonctions municipales aujourd'hui? La classe moyenne seule se présente dans la lice; les grands propriétaires et les classes populaires les laissent, comme une chose de rebut et insignifiante, aux influences qui ont voulu fonder leur domination, sur l'exclusion de toutes les autres et l'exagération de tous les monopoles.

Quels sont, en effet, les pouvoirs des conseils municipaux, tels que le projet de loi les organise? Ils n'en ont aucun. Dès que le gouvernement s'attribue non-seulement le *veto*, mais encore la décision sur toutes les délibérations, les conseils municipaux ne sont plus qu'une vaine décoration. Et cependant, ils représentent le peuple souverain; mais le peuple souverain qui fait des rois et des chartes, ne peut nommer ni garde-champêtre, ni faire curer un fossé. Il est clair qu'on se moque du peuple souverain, comme on se moquait de Sancho Pança, dans son île de Barataria. La charte, octroyée aux communes par défunts MM. les doctrinaires, ne confère aux localités d'autre pouvoir que celui de proposer. Là se borne leur rôle; dès qu'il est rempli, ministres, préfets, sous-préfets et maires s'emparent de la décision, taillent et rognent à leur gré, sans recours ni appel; c'est le règne du bon plaisir dans toute sa splendeur.

Ainsi, les institutions municipales, dont on a fait tant de bruit, se réduisent à des corps dérisoires, déshérités de tout droit, de toute autorité, de toute action. Passant sous silence les conseils d'arrondissement, qui sont eux-mêmes de simples bureaux d'enregistrement, portons les yeux plus haut, au dernier degré du système électif d'administration départementale, le conseil général. Qu'est-ce, en effet, qu'un conseil général aujourd'hui?

Nous y trouvons le germe d'un pouvoir, voilà tout. En cela, c'est une bonne chose, car, dès qu'un germe de liberté est entré dans une institution, il doit se développer dans l'avenir. C'est ce qui sera; mais quant à présent ce n'est qu'une institution décevante, à laquelle cependant doit se rattacher le pays, car on sent qu'il y a là une force qui doit briser les entraves dont on a voulu l'étreindre.

Actuellement, l'influence du conseil général est presque nulle, puisqu'on profite de son vote s'il est favorable, et qu'on s'en passe s'il est contraire aux vœux des ministres. Il ne lui est permis que d'émettre des vœux; la centralisation a attaché à son joug opresseur ces 86 assemblées. Aucun travail ne peut être entrepris, aucune rue ne peut être percée, aucun arbre ne peut être abattu, la moindre dépense ne peut être faite, sans la permission des hauts seigneurs de Paris. Ainsi tout se borne, dans les conseils généraux, à donner des avis. Que l'avis soit bon ou mauvais, indépendant ou servile, le résultat est le même. Le ministre est là, sur son lit de justice, qui force l'enregistrement des édits et envoie les conseillers en exil s'ils font les mutins. C'est ce qu'on peut appeler des lois *romantiques*.

Au résumé, le grand pouvoir des conseils généraux consiste dans la répartition de l'impôt foncier entre les arrondissements, véritable attribution de commis, et dans le vote forcé des centimes additionnels qui constituent un impôt considérable.

L'institution des conseils généraux, de même que tout le système administratif, en France, n'aboutit qu'à une fiction de droit, mais non aux droits qui découlent de tant de promesses, du programme de la charte, des exigences de l'opinion publique.

Sous un autre point de vue, il n'y a pas l'harmonie et l'unité qui, pour une véritable représentation des intérêts locaux, exigeraient une hiérarchie de pouvoir aboutissant à la représentation générale. Où est le lien des conseils communaux avec les conseils d'arrondissement? Où est le lien de ces derniers conseils avec ceux du département? Où est la relation des conseils généraux avec la Chambre des députés? Les rapports nécessaires, indispensables entre tous les hommes qui occupent ces divers degrés de l'échelle administrative n'existent pas; la commune, cette belle unité administrative, se trouve ainsi séparée de l'arrondissement et du département.

Il y a entre ces diverses représentations la grande muraille de la Chine, c'est-à-dire la centralisation administrative qui s'interpose partout et arrête les comunications.

Il y a, à la vérité, quelque communication entre les conseils d'arrondissement et de département; mais ces relations ne montent pas plus haut. Un préfet, un ministre et leurs bureaux forment une barrière entre les conseils généraux et la Chambre. Les affaires du pays viennent se mêler avec celles du Gouvernement et s'engouffrer dans cet avare Achéron de la bureaucratie, qui ne lâche point sa proie.

Mais, nous le répétons, il y a, dans l'institution des conseils généraux, la certitude d'un grand développement. Déjà il y a eu un progrès sensible dans les idées, qui s'est manifesté par des faits. Appuyé sur la publicité, ce grand levier de l'époque, les conseils généraux verront leur pouvoir se développer.

Il est douloureux de penser qu'après deux Révolutions, nous sommes encore en arrière des franchises et des libertés provinciales dont la vieille Monarchie des Capet avait doté la France !

Pour parvenir à décentraliser le pouvoir, pour arriver à la réalisation de ce système, qui rende aux capacités et aux notabilités l'administration de leurs intérêts, de telle sorte qu'il y ait autant d'administrateurs que de propriétaires, il faut commencer par tuer le monopole, qui enserre dans son réseau toute la France et retient l'expression véritable de ses vœux. Le moyen, c'est le principe parlementaire qui, montant de la commune au parlement, y fait pénétrer la volonté du pays et peut seul placer le gouvernement représentatif sur sa véritable base. Parlement et réforme sont deux idées corrélatives. Que les électeurs nomment des députés réformistes, et la réforme se présente inévitable.

Ainsi, le principe parlementaire est l'échelon unique qui

puisse conduire à la réforme, par la commune, par la province, par les masses et la propriété, aussi bien que par l'intelligence. Refoulez-le, ce principe, que deviendrez-vous? Comment enchaînerez-vous le gouvernement à votre influence? Comment lui ferez-vous reconnaître vos besoins, vos droits? Croyez-vous qu'il abandonne jamais de lui-même le bouclier qui assure son existence, ou espérerait-on l'y contraindre avec les vaines armes d'inutiles protestations?

Une fois ce principe admis, une fois qu'il devient la commune bannière des Royalistes et des autres opinions indépendantes, les préventions, les querelles des partis s'effacent; les barrières élevées par la différence d'opinions, par les faux points de vue, tombent. Alors une alliance devient possible dans un but d'intérêt commun, d'intérêt public. Ce sont ces considérations qui nous portèrent avec tant d'ardeur à pousser nos amis dans la coalition. Sans la coalition, c'en était peut-être fait du système représentatif en France. Elle a sauvé la liberté de discussion qui doit si puissamment contribuer au succès de la réforme, ce besoin impérieux de notre époque, ce grand acte de justice qui, en émancipant la France du joug fatal des parvenus avides, lui donnera l'administration de ses affaires.

Les principes de liberté proclamés par les Royalistes sont aujourd'hui inscrits sur toutes les bannières. A eux, il appartenait de porter les premiers coups au monopole corrupteur et arbitraire, par une nécessité de sa nature; à eux, appartenait de réclamer la réalisation des droits dont a joui la France aux périodes les plus reculées de la Monarchie. En effet, le principe monarchique est le plus favorable aux intérêts de tous, au développement de la liberté et de la puissance nationale.

L'histoire témoigne d'une manière éclatante de cette vérité; et, pour en offrir la preuve dans les événements du dernier siècle, n'est-il pas vrai que le principe de la souveraineté du peuple n'a jamais triomphé sans produire aussitôt le plus intolérable despotisme ?

Au gouvernement paternel de Louis XVI, succéda la tyrannie farouche de Robespierre, Couthon, Saint-Just, etc. Pour rétablir la société en ruine, il a fallu la dictature de Bonaparte. Pour être arrachée à l'anarchie, il a fallu que la France se réfugia sous l'épée d'un despote; le premier acte du despote a été de rendre les assemblées muettes, la France esclave. « Tout pouvoir nouveau, comme l'a dit » M. de Châteaubriand, est forcément oppresseur. » Car, aprés avoir monté, il lui faut briser l'échelle qui lui a servi; sévir contre ceux qui font mine de suivre la même route.

Félicitons-nous de voir le temps, ce grand prophète de la vérité, faire justice de l'erreur et des passions des partis, tout en manifestant ce qu'il y a de grandeur, de puissance, de fécondité dans les principes et l'action des Royalistes. Les premiers, ils ont secoué la poussière de nos vieilles chartes dans cet envahissement de tous les monopoles. M. de Châteaubriand, auquel il est donné d'entraîner les générations présentes, a, le premier, prononcé le mot magique d'assemblée nationale, désormais devise de l'avenir.

Avec une assemblée nationale, en effet, il y a six millions de citoyens actifs, au lieu de cent cinquante mille, il y a un organe à chaque intérêt, au lieu des organes de la classe moyenne, imposés aux autres classes qui ont des intérêts différents.

Or, pour une nation électorale de six millions d'âmes, composée de classes différentes, et chacune d'intérêts contraires, il y a lieu à une Monarchie, et c'est là ce qui assure le mieux la liberté, l'intégrité de la prérogative. Et que les intérêts si nombreux, opposés sur tant de points d'un grand royaume aient tous chacun leur organe, c'est là précisément, et c'est cela seul qui assure la vérité et l'exactitude dans la représentation du pays. Le principe monarchique et le principe représentatif trouvent donc leur plus sûre garantie, leur plein et entier développement dans la première représentation qui se pourra faire de tous les intérêts de notre société française ; de telle sorte qu'en poursuivant la *réforme parlementaire*, ou la représentation vraie de la France, ou bien, comme dit M. de Châteaubriand, une assemblée nationale, les Royalistes ne cessent pas de se poser pour le principe monarchique et la légitime prérogative. Ils demandent le régime où Louis XVI avait de lui-même remis la France en 1789, avec la Révolution de moins, car elle est finie, et de grandes lumières de plus, car elles sont acquises. Ils font ce qu'a été empêchée de faire la Chambre si éminemment royaliste de 1815. Ils recommencent enfin l'œuvre monarchique par son commencement, et obéissent désormais à cette parole trop prophétique de M. de Châteaubriand, que *la Monarchie tout entière pouvait être reconstruite dans une loi des élections.*

La gauche et la droite demandant l'une et l'autre une représentation vraie, ou le principe représentatif dans sa vérité, ont dû venir à ne former qu'un seul camp, alliance néanmoins qui laisse chaque parti sous son drapeau, et par laquelle le parti royaliste prend position pour son principe, comme le parti libéral prend position pour le sien. Que s'il y avait, dans la droite, des hommes ayant pris peur du vote accordé à tous les intérêts de la France, ce n'est pas au principe représentatif qu'ils feraient injure. S'ils craignent que la Monarchie vraie ne sorte pas d'une représentation vraie du pays, ils ne montrent point en cela leur défiance de la représentation, mais leur peu de foi au principe monarchique. En deux mots, ou la France est monarchique, ou elle ne l'est pas. Si elle est monarchique, représentez-la donc au vrai, et la Monarchie sera rétablie du même coup. Si elle ne l'est pas, pourquoi vivre d'une chimère, pourquoi se bercer d'une vaine illusion? Si vous n'avez plus rien à attendre de l'avenir, pourquoi ne pas abdiquer tout de suite?

L'intérêt national est enfin quelque part; nous croyons, nous, qu'il est avec les Royalistes, et qu'ils doivent triompher, parce que, dans la vie des nations, toute vérité triomphe à la longue. S'il nous était démontré que l'intérêt national est à gauche, nous serions républicain; nous refoulerions nos affections au fond de notre cœur pour acquitter la dette que chacun doit à la patrie. Mais à coup sûr, à part les salariés du budget, les hommes sans conscience ou stupides, nul ne s'avisera de découvrir l'intérêt national à la suite des monarchiens du 7 août.

Quels sont ceux qui, pour l'établissement de la souveraineté, ont rejeté l'élection comme l'héritage, ce qui vient du peuple comme ce qui vient du droit, et ont voulu y substituer une prétendue nécessité sous laquelle ils ont simulé l'intérêt universel et pressant du peuple français ?

Dans ce système, tous les faits, tous les malheurs sont des événements forcés ; c'est le sacrifice de quelques individus au bien de l'espèce. C'est l'excuse de tous les actes ; la justice, la vérité doivent disparaître devant cette impérieuse raison, perpétuel alphabet de toutes les tyrannies. Il faudra du temps pour persuader aux peuples qu'ils doivent, pour le bien de l'espèce, se laisser décimer, que le progrès de la raison humaine est à ce prix, et que l'injustice, la violation des droits sociaux sont sa grande route.

Les fondateurs de l'établissement doctrinaire sont, en politique, ce que furent les sectaires de l'Eglise protestante. Qui ne sait que ceux-ci, après avoir substitué en religion, à la certitude d'autorité, la certitude d'évidence, voulurent comprimer le mouvement qu'ils avaient fait? Genève afficha bientôt, en les dépassant, les prétentions de Rome ; Genève se mentit honteusement à elle-même ; au lieu d'être franchement hérétique, elle voulut faire à son tour de l'orthodoxie ; elle tenta d'éclairer les âmes à la lueur des bûchers, et institua son inquisition en l'honneur d'un catholicisme bâtard.

L'inconséquence est la même de la part de ceux qui, après avoir exalté l'anéantissement du droit divin dans une dynastie de huit siècles, ont cherché à l'incarner dans une dynastie récente.

La Révolution de Juillet voulut cependant consacrer le triomphe de la liberté d'examen dans l'ordre politique. Elle avait la prétention de soumettre toutes ses œuvres à l'action dévorante d'une discussion sans limites. Elle s'est posée comme une Pénélope, à laquelle il est donné de défaire et de refaire les lois et les rois, pourvu que ce soit à l'aide d'une douce et lente persuasion.

Sur ce terrain, avec le principe parlementaire, qui est plus fort que les Royalistes? Une fois bien compris que c'est la raison publique qui fait le pouvoir et l'enchaîne, les partis non-seulement ont le droit de se présenter au concours devant elle, mais cela devient un devoir. « La lice » leur est ouverte, a dit un illustre orateur, seulement ils » n'y doivent entrer qu'avec des armes courtoises.

» Arrière les mauvais combattants, ceux qui appellent à » leur secours les plus hideuses passions de la rue ! Mais » quant aux autres, liberté ! Oui ! liberté ! et bien plus, » gloire à eux ! »

Le Gouvernement parlementaire, en même temps qu'il

dérive de la constitution, est l'expression de la raison publique symbolisée dans les classes les plus intéressées à l'ordre, expression qui, par l'application d'une réforme progressive, devra se compléter du concours de toutes les autres.

Bien plus, il reste comme la seule voie de salut du pays; en dehors de lui, la France irait s'abîmer dans le despotisme ou l'anarchie. La France actuelle ne veut ni une Monarchie absolue, ni une République. Elle veut un Gouvernement mixte, où le Roi ne soit que l'exécuteur du vœu public et des volontés nationales.

Au point où nous sommes arrivés, à une époque où tous les intérêts, les éléments sociaux, veulent impérieusement une expression, le Gouvernement parlementaire, qui est avant tout le Gouvernement de l'opinion, ayant pour organes la presse, ce grand véhicule du siècle, le corps électif et la tribune, ce forum moderne; le Gouvernement parlementaire peut seul s'harmoniser avec le présent, et à travers une route de progrès successifs, conduire aux conquêtes de l'avenir.

Si, depuis 1830, un grand mal a été fait, s'il y a eu tant de perturbations de toutes sortes, c'est par suite de ces efforts, qui avaient pour but de fausser les ressorts du Gouvernement auquel on aurait dû se résigner, puisqu'on l'avait proclamé. Si le pays eût été plus éclairé, s'il eût eu la conscience de la valeur des hommes auxquels il donnait ses suffrages; s'il eût élu des hommes fermes et indépendants, au lieu de ces esprits mous, dociles au pouvoir, à ce point d'oublier leur mandat de député, pour accéder à toutes les demandes, de grands maux eussent été évités, de grands gaspillages n'eussent pas pesé sur le pays. Car si la prérogative doit tout enchaîner à son char, discipliner toutes les volontés à la sienne, pourquoi un Gouvernement représentatif? Pourquoi des chambres et des électeurs? Mieux vaudrait un Gouvernement franchement absolu, qu'une hypocrisie de droits et de libertés.

En Angleterre, le Gouvernement parlementaire ne fut pas ainsi escamoté. C'est le cas de rappeler ce qui se passa sous le règne de Guillaume III, cet usurpateur de la couronne des Stuarts. Après avoir signé le traité de Ryswick, alors qu'il jouissait de toute la faveur populaire, il manifesta aux communes l'intention d'avoir une armée de terre pour la sûreté du royaume. Mais la Nation et le Parlement virent un pareil projet avec inquiétude pour la liberté. La fermentation devint si grande, que les amis du Roi, dans la chambre des communes, n'osèrent s'opposer à la réduction des troupes. Le Parlement n'accorda que 350,000 liv. sterling pour l'entretien de dix mille hommes, auxquels on finit par ajouter trois autres mille pour le service de terre. Le comte de Sunderland, pour échapper au ressentiment des communes, donna sa démission. L'année suivante, un nouveau Parlement, croyant que le Roi voulait éluder le vote impératif des chambres, vota le licenciement de toutes les troupes au-delà de 7,000 hommes, la réduction de celles de l'Irlande à 12,000, n'admettant, dans l'armée, que des indigènes, à l'exclusion de tout étranger. Force fut au Roi de sanctionner le bill qui l'avait si vivement offensé, et de substituer à ses caprices royaux une résignation qui est la première condition d'un Roi parlementaire, toujours subordonné à la volonté souveraine des chambres.

Le système parlementaire a de vieilles racines en France. Le Parlement était, sous l'ancienne Monarchie, aux yeux du peuple, une de ses plus précieuses garanties, le bouclier de ses droits. « Par l'usage d'enregistrer l'impôt, il acquit, » selon l'expression énergique de Pasquier, le droit de vé» rifier la volonté de nos princes. »

Le Parlement fut un utile intermédiaire entre le Roi et la Nation. Dans les plus graves circonstances, il remplit la double mission de protéger le pouvoir contre les agitations populaires, et le peuple contre les rudesses et le joug despotique du pouvoir. Un jour Louis XIV absorba les libertés et les priviléges; les Parlements rentrèrent dans le silence devant l'attitude hautaine d'un prince qui, au début de sa jeunesse, leur commandait le fouet à la main. C'était enlever à la Monarchie une de ses plus fermes assises ; dès-lors elle se trouva seule en face de la Démocratie, cette redoutable ennemie qui devait la tuer avec le couteau dont elle fit tomber la tête de Louis XVI.

« C'est la tendance à un faux pouvoir, a dit Château» briand, qui perdit la royauté sous Louis XIV ; cette » royauté qui, jusques au règne de Louis XIII, s'était mé-

» langée des libertés publiques, crut augmenter sa puis-
» sance en les étouffant, et elle se frappa au cœur. »

Les Parlements ont fourni à la France des figures qui sont au premier rang de ses gloires. Tels sont les Flotte, les L'Hôpital, les de Thou, les Harlay, les Nicolaï, les Lamoignon, les d'Aguesseau, les Brisson, les Molé, les Séguier, etc.

Nous le répétons; sans le système parlementaire, seule voie ouverte à l'action, aux volontés de l'opinion publique, il n'y a devant nous que le pouvoir de la camarilla, taillant le pays à son gré, tachant le noble front de cette France de tant de hontes et d'humiliations, que l'Europe nous chasse de ses conseils aussi bien que des affaires du monde, et nous prodigue tant d'outrages que c'est à frémir d'indignation.

Naguère c'était un capitaine anglais qui faisait tomber l'insulte sur la Nation, et cela a passé inaperçu. Les affronts nous arrivent de toute part, comme jadis les respects.

L'honneur du nom français, sous la Monarchie, sous la République, sous l'Empire, il accomplit de si grandes choses contre tous ceux qui osèrent l'attaquer.

En opposant la fierté du langage de nos rois à la honteuse mollesse de ce temps, la dignité de Louis XIV, à notre humble diplomatie, on sonde en gémissant la profondeur de l'abîme où est tombée la France. Qu'y a-t-il de plus éloquent que cette lettre du grand roi :

Louis XIV au comte d'Estrades.

25 janvier 1662.

Monsieur le comte d'Estrades,

« J'ai reçu, par le courrier extraordinaire que vous m'a-
» vez envoyé, votre lettre du 20. Ce que j'ai remarqué dans
» toute la teneur de votre dépêche, c'est que le roi mon
» frère ni ceux dont il prend conseil, ne me connaissent
» pas encore bien, quand ils prennent avec moi des voix de
» hauteur et d'une certaine fermeté qui sentent la menace.

» Je ne connais personne sous le ciel qui soit capable de
» me faire avancer par un chemin de cette sorte, et il me
» peut bien arriver ou mal, mais non pas une impression
» de crainte. Je pensais avoir gagné dans le monde qu'on
» eût un peu meilleure opinion de moi, mais je me console
» en ce que, peut-être, n'est-ce qu'à Londres qu'on fait de
» ces faux jugements ; c'est à moi à faire, par ma conduite,
» qu'ils ne demeurent pas long-temps en de semblables er-
» reurs.

» Je suis assuré qu'à Madrid, ni en aucun autre lieu de
» la terre, il ne serait pas sorti de la bouche d'un ministre

» parlant à mon ambassadeur, ce que le chancelier Hyde » a bien voulu dire qu'il n'y avait point d'accommodement » du Roi son maître avec moi, sur le pavillon, si je voulais » garantir leur pêche aux Hollandais. A ouïr parler le » chancelier, ne dirait-on pas que je suis perdu, si le diffé- » rent du pavillon ne s'accommode pas par quelque tem- » pérament; cependant il est vrai que rien ne m'est plus » indifférent, parce que je prétends bientôt mettre mes forces » de mer en tel état, que les Anglais tiendraient à grâce » que je veuille bien alors entendre à des tempéraments » touchant au droit qui m'est dû plus légitimement qu'à » eux.

» Le Roi d'Angleterre et son chancelier peuvent bien » voir à peu près quelles sont mes forces, mais il ne » voient pas mon cœur; mais moi qui sents et connais l'un » et l'autre, je désire que, pour toute réponse à une décla- » ration si hautaine, ils sachent par votre bouche, au retour » de ce courrier, que je ne demande ni ne recherche d'ac- » comodement en l'affaire du pavillon, parce que je » saurais bien soutenir mon droit, quoi qu'il en puisse arri- » ver; et que pour ce qui est de la garantie de la pêche, » j'en userai comme il me plaira et suivant que je le trou- » verai juste et que je trouverai le droit des Hollandais » bien ou mal fondé.

» Le chancelier s'est donc fort mécompté en son opinion, » et je veux dire aussi que, quelque suite que cette affaire » ait, il ne se mécomptera pas peut-être moins en ses me- » sures; car, s'il en faut venir à des extrémités avec son

» maître pour un point d'honneur, j'espère sans menacer
» personne, mettre les affaires en état que mon parti pour
» parler modestement ne sera pas le plus faible, je dis
» mieux, quand je serais seul à le soutenir, quoique j'ai
» d'ailleurs sujet de croire qu'en un besoin je serai assez
» bien secondé de divers endroits dont l'Angleterre se dou-
» te le moins.

» Aussitôt que j'ai vu votre dépêche, j'ai donné mûre-
» ment des ordres pour mettre ma flotte en état qu'elle
» n'ait pas beaucoup à craindre, et je crois pouvoir dire
» avec vérité que, quand il lui adviendrait un malheur,
» ce serait peut-être la plus mauvaise affaire, en toutes fa-
» çons, que le roi d'Angleterre eut pu s'attirer sur les bras.
» Il en sera après cela ce qu'il plaira à Dieu. Il me suffira
» n'avoir rien fait de bas ni que je puisse me reprocher.
» Sur ce, je prie Dieu, etc. »

Voici ce qu'était un roi de France alors. Est-il un commentaire qui puisse s'élever à la hauteur de ses paroles.

Hélas qui se les rappelle aujourd'hui? Qui se rappelle encore les paroles du Grand Frédéric ? « Si j'étais roi de » France, un coup de canon ne se tirerait pas en Europe sans ma permission », si ce n'est quelques laboureurs des antiques souvenirs, cherchant dans les grandeurs du passé des consolations aux misères du présent ? Les élans généreux des âmes qui gardent encore un culte à la Patrie, ne sont plus aujourd'hui que des rêves ridicules. Gardons-les ces rêves, échappons au triste spectacle qui nous est donné par la contemplation d'époques dont le moule est brisé, puisque celui dans lequel est coulé la nôtre, au lieu d'être de bronze, est d'un vil argile.

Oh ! oui, dans le corps électoral, tout tronqué qu'il est, il y a néanmoins des hommes d'honneur. Les instincts de gloire n'y sont pas entièrement effacés. Mais au pouvoir, dans ces hautes sphères qui perpétuent, à travers notre âge, le règne, non de cette féodalité qui plaçait au premier rang de ses priviléges de mourir en combattant pour la patrie, mais bien de cette féodalité d'argent, qui toute possédée de cupidité, toute tremblante de terreur, voit d'un œil sec les affronts qu'elle nous attire, accepte les soufflets des Puissances avec le même sang-froid que nos Rois et Napoléon, les hommages de l'Europe prosternée.

Eh bien ! avec la suprématie parlementaire, tenant la Cour soumise à sa loi, de tels spectacles, si douloureux pour quiconque porte une âme française, ne seraient plus possibles. Notre époque, tout infestée qu'elle est d'égoïsme, n'est pas arrivée à cet état de dégradation et d'opprobre dont nous voyons la gangrène, non dans le peuple, non dans les basses classes, mais dans les hautes régions, où l'on semble avoir pris pour devise : Régner et sauver son argent à tout prix.

CHAPITRE XI.

De la Pairie.—Ce qu'elle est aujourd'hui,—Sa grandeur sous la Monarchie. —Le Sénat de Bonaparte et la Pairie de la Restauration. — La Pairie de Juillet comme magistrature, — Belles réflexions de M. Royer Collard.

Sans priviléges, sans hérédité, la pairie ne répond plus à rien; l'élément qu'elle représentait a été brisé; il ne peut plus y avoir, en France, d'aristocratie et de priviléges héréditaires. La mort a passé tour-à-tour sur les institutions féodales comme sur les institutions monarchiques. Un pouvoir nouveau s'est assis sur ces vastes ruines avec une autre bannière et d'autres principes. Deux révolutions ont jeté par terre le principe aristocratique. En 89, comme il avait encore du sang dans les veines, comme il avait foi en lui, dans son droit, comme il était dominé encore par la grandeur de ses traditions, le principe aristocratique, ne pouvant plus vivre en France, passe le Rhin, organise une armée, proteste par son épée et son sang contre la violation des lois monarchiques, contre les dénis faits à ses propres droits. Mais en 1830, le principe aristocratique, emporté dans ce grand naufrage de la Monarchie, a été le premier à s'humilier devant le principe démocratique, à se faire l'exécuteur des hautes œuvres, des caprices de ce dernier. Il a signé sa propre déchéance, en consentant sans murmure, et dans l'attitude de la pénitence, au triage, à la mutilation, à l'exclusion de ses propres membres. Cent pairs furent jetés à la porte du Luxembourg ; la pairie ne reconnaissait-elle pas de la sorte la nullité de tous ses actes précédents, l'abus de sa propre existence ? Jamais, depuis les fastes de la décadence de l'Empire romain, assemblée ne s'était suicidée si complètement.

C'était une bien grande institution que celle de la pairie; alors que, comme corps politique, formée des illustrations de tout genre, symbole de la richesse, du talent, de la gloire, composant une espèce de sénat, de roi, supérieur en quelque sorte à la royauté elle-même, elle délibérait, comme corps politique, sur les grands intérêts de l'Etat, en même temps que, investie de la première, de la plus haute des magistratures, elle jugeait les grandes causes politiques. Mais cette justice si imposante, qui offrait à l'Etat et aux accusés de si complètes garanties ; à l'Etat, par le patriotisme, par les traditions d'honneur, de fidélité de ses membres ; aux accusés par la haute position, l'indépendance, les lumières des juges ; cette justice ne s'attaquait qu'à des crimes qui l'égalaient, en quelque sorte ; elle ne descendait pas à des délits de discipline, à des conspirations de reverbères, à des complots d'almanachs, à des attentats de brochure à 10 sous.

Oui, c'était une justice imposante que celle dont le premier arrêt judiciaire fut la condamnation de Jean-sans-Terre, roi d'Angleterre, et vassal de la couronne de France, meurtrier d'Arthur. Grands-Prêtres de la justice politique, les pairs appelaient à leur ban les plus puissants seigneurs, des princes, des souverains. Duguesclin exécute l'arrêt qu'ils prononcèrent contre Edouard et le prince de Galles; Jeanne d'Arc, entourée de Richemont, celui rendu contre Henri VIII.

Bonaparte avait fait un sénat, partie des compagnons de ses victoires, partie des hautes sommités de la magistrature; il l'avait comblé de richesses, de majorats, d'apanages, d'honneurs de toute sorte. Mais ces matériaux si forts n'avaient pas la cohésion du temps. L'architecte, nonobstant sa force, son génie, le prestige attaché à ses œuvres, avait fait du stuc et non du marbre; et d'ailleurs, ces hommes n'étaient que les adulateurs du soleil qui les éclairait, qui leur avait donné vie. Sous Napoléon, l'aristocratie était dans les rayons lumineux qui émanaient de sa gloire. Dans sa course héroïque, il vieillissait ses généraux comme sa dynastie, en cachant sous des lauriers les récents écussons des uns, en dotant l'autre de multiples couronnes. Mais en dehors du cours du siècle, sans racines dans le passé, sans action sur le présent, les sénateurs ne surent qu'obéir aux ordres, aux volontés du despote; ils n'étaient qu'un hochet qu'il avait placé au rang de ses splendeurs de parade. Vint le jour de l'infortune, et ces colonnes de stuc firent défaut au but pour lequel elles avaient été élevées.

La Restauration essaya de reconstituer la pairie. Les temps n'y étaient plus. En vain elle appela sous les glorieux drapeaux la réunion des enfants de nos victoires récentes aux vieux soldats de notre ancienne gloire. La Chambre des pairs qui n'avait de vie possible qu'avec les Bourbons, se jette en travers de tout ce qui pouvait faire revivre cette vieille tige sur sa terre natale.

La révolution conserve le pouvoir sous le descendant de saint Louis ; des hommes effrayants de trahison, de crimes, sont ministres ; ils inoculent dans la Chambre des pairs le vieux levain des principes révolutionnaires. Les Royalistes, les amis du Roi sont écartés, persécutés, traînés devant les tribunaux. Les courtisans du malheur, ceux que l'exil, la perte de leurs biens, de leurs parents, ont trouvés inébranlables, sont mis en suspicion par les divers ministères qui passent. En vain ces hommes n'ont qu'un but, une ambition ; après s'être attachés aux pas d'une famille malheureuse, ils ne demandent qu'à soutenir la couronne, alors qu'elle est chancelante ; ils demandent la religion, la légitimité, la charte, trinité glorieuse qu'ils ne séparaient pas dans leur amour. Le drapeau blanc, appuyé sur cette triple base, eût été solide ; mais voici venir les Fouché, les Decazes, les baron Louis, le système doctrinaire, ce serpent de la légitimité ; ce que veulent ces hommes, c'est de renfermer l'autorité administrative dans leur petit cercle, et de la conserver à tout prix. Une poignée d'ambitieux se placent entre le peuple et son Roi ; les lois d'exception surgissent en même temps que la réprobation acharnée des plus fidèles serviteurs de la Monarchie. La Chambre des pairs devient la ménagerie où ils réunissent leur créature, tout ce qui servira leurs combinaisons. Ainsi, comme le dit M. de Châteaubriand : « Quelques hommes sans force réelle gardent les avenues de la Monarchie, et » disent à la foule des honnêtes gens : Vous ne pouvez pas » entrer, personne ne veut de vous, vous n'êtes pas assez » forts, prenez nos couleurs ».

La Restauration eut un grand tort. Après avoir fortifié la révolution, elle songea à reprendre les conquêtes qu'elle lui avait livrées ; trop préoccupée de ce but, elle alla jusques à s'attaquer à des libertés chères à la Nation. Ainsi, la Monarchie, après avoir livré des armes contre elle-même, devenait réactionnaire contre ses propres actes. Les ministères révolutionnaires avaient eu recours à des créations de pairs dans leur sens ; le ministère de M. de Villèle suivit les mêmes errements. A un pareil jeu, les meilleures institutions se faussent.

La Chambre des pairs ressuscitée en 1814, ou plutôt née alors d'une combinaison politique pour balancer l'autorité de la couronne et du peuple, aurait dû tout d'abord être constituée dans d'excellents choix qui l'auraient successivement agrandie en devenant la retraite d'honneur des grands services et des grandes renommées. Mais loin de là, le bon plaisir, l'intérêt des divers ministres ont successivement fabriqué des fournées. C'est de la sorte que se trouve sacrifié l'avenir à la nécessité d'un moment ; c'est ainsi que les institutions les plus utiles sont vermoulues, frappées de déchéance avant même l'arrêt de la défaite.

Si, au lieu de ces augmentations brusques, démesurées, les hommes de la Monarchie eussent procédé avec mesure, n'eussent pas devancé les siècles eussent attendu que d'éclatants services eussent créé des candidats, la pairie aurait pu prendre racine, et contribuer elle-même à raffermir le sol dans lequel elle était plantée.

C'est ce qui est arrivé en Angleterre ; en 1215, on comptait seulement 40 pairs ; en 1530, après la réforme religieuse, 61 pairs. Dans le cours des siècles, cette pairie s'est fortifiée de tout ce qui était fort et se montrait glorieux ; on sait quel degré d'influence elle n'a cessé d'exercer sur la Nation.

En France, on ne craignit pas de vouloir réaliser en quelques années ce que les Anglais avaient mis six siècles à accomplir. Un beau jour, sans connaître la force des institutions sur lesquelles on s'appuyait, on jeta stupidement un défi au peuple, et celui-ci, porté par le mouvement du siècle, brise comme un verre les frêles digues avec lesquelles on s'était flatté de lui barrer le passage. La Révolution décime la pairie, frappe d'ostracisme les plus fidéles. Hélas! nous avons connu grand nombre de ces hommes ; on n'a pas plus de vertu, plus de patriotisme ;

plus d'honneur; ils ne comprirent pas leur temps. D'autres générations s'élevaient auprès d'eux, ils n'entendirent pas leur langue; il nous souvient qu'alors que nous sympathisions au cri des libertés publiques, aux nobles accents de Châteaubriand, leur noble et constant défenseur, qui les confondit toujours dans son culte pour la légitimité, il nous souvient de ces accusations contre notre Jacobinisme, nous qui attendions notre âge d'homme pour vouer notre repos, notre liberté, notre fortune à la cause que nous chérissions à l'égal de ces Royalistes du vieux temps, mais en voulant rester de notre époque, en voulant qu'on tînt compte du déplacement opéré dans les intérêts et les générations, et qu'on mît dans ses rangs la raison publique, impuissant qu'on était à la vaincre.

Ainsi fut submergée la pairie de la Restauration. Pendant les 15 années de sa durée, elle ne prêta aucune force au pouvoir. Au jour de sa chute, elle ne vint pas en aide à la dynastie qui lui avait transmis, avec son hérédité, une partie de sa puissance; elle se rendit à discrétion au vainqueur.

Les conditions que lui firent celui-ci sont assez connues; elles sont le nouveau code de son existence : code d'humiliation et de mort. Emportée tour-à-tour par le mouvement de la chambre élective et du pouvoir, la pairie n'est plus qu'un cadavre couvert d'un manteau d'hermine; et si quelquefois ce cadavre semble reprendre quelque sentiment de vie, si son bras se lève, c'est pour déposer dans l'urne fatale quelque arrêt d'exil ou de mort.

Comme magistrature, elle est pour nous plus incompréhensible encore, depuis 1830, elle a été transformée en une cour permanente de justice. Délits de presse, complots, coalitions, on applique sa juridiction à toute chose. Le jury, cette justice du pays, a été mis en suspicion. Hélas ! triste condition faite à la pairie. Quoi ! cette puissance juridique, qui jadis traduisait les Rois à sa barre et faisait tout au plus usage une fois par siècle du terrible droit qui lui était remis, en est réduite à frapper des ouvriers par centaines, des complotistes présumés, leurs avocats, des écrivains. Et pas un de ces hommes n'accepte cette justice, pas un ne veut y trouver les garanties qu'elle promet aux hommes les plus coupables, aux plus grands criminels. Et il faut le dire, composée de fonctionnaires qui forment les deux tiers de la Chambre, susceptible de s'accroître suivant le caprice de l'accusateur, la pairie ainsi constituée, offre-t-elle les garanties que l'humanité, la civilisation réclament ? N'est-il pas à craindre que le pouvoir se serve quelquefois de cette juridiction comme d'un instrument pour exercer de cruelles représailles, et effrayer les partis ?

Nous ne voulons pas résoudre cette question, elle est trop périlleuse pour compléter notre pensée ; nous ne pouvons mieux faire que de recourir à M. Royer Collard, caractérisant, avec l'autorité de son immense talent, la situation avilissante, créée à la Chambre des pairs, par la Révolution de Juillet.

Voici quelques extraits du discours qu'il a prononcé le 25 août 1835 :

» Le jury, Messieurs, ce n'est pas une de ces juridictions vulgaires dont la plume du légiste se joue, et qu'elle élève ou abaisse à son gré ; ce n'est pas même une juridiction, c'est une institution politique ; c'est, comme vous, et au même degré de souveraineté, le pays lui-même. Et comment le jury a-t-il encouru la disgrâce dont il est frappé ? On l'a dit de mille manières ; on se défie de lui : il ne condamne pas assez.

» Il ne condamne pas assez ? Ne voyez-vous pas, Messieurs, qu'on s'attaque à la conscience des jurés, car c'est dans leur conscience qu'ils prononcent ? Ne vous reviendra-t-il pas en mémoire que les jurés sont vos électeurs, marqués du même sceau que vous, et, comme vous, dépositaires de la souveraineté ? Si vous vous défiez d'eux aujourd'hui, ne pourront-ils pas un jour aussi se défier de vous, et certes ce serait à bon droit ; car je déclare, moi, que je me défie profondément d'un pouvoir, quel qu'il soit, qui se défie de la justice, même ordinaire, à plus forte raison de la justice du pays.

» C'est cette défiance invétérée des mauvais gouvernements qui leur a fait inventer pour leur service toutes les tyrannies judiciaires, tribunaux révolutionnaires, cours spéciales, cours prévôtales. Je ne compare ni les temps, ni les hommes, il y aurait grande injustice ; je ne compare que les situations. Il est avéré que le Gouvernement veut une autre justice de la presse que la justice du pays dont il se défie, il veut une justice spéciale.

» N'osant la proposer, car il n'oserait, que fait-il ? Il a recours à une nouvelle transformation. C'est la Chambre des pairs qui sera sa cour spéciale, sa cour prévôtale. Oui, Messieurs, la Chambre des pairs, déjà cour spéciale de l'émeute, on la fera encore cour spéciale de la presse. Messieurs, la Chambre des pairs n'a pas mérité ce traitement : elle n'existe pas pour être un instrument de gouvernement, *instrumentum regni*, selon l'énergique expression de Tacite.

» Essentiellement pouvoir politique, accidentellement pouvoir judiciaire dans de telles circonstances où l'Etat lui-même intervient, placé, je dirais volontiers relégué dans la sphère la plus haute de la région politique, d'où il domine par sa dignité et par le respect de son impartialité toutes nos agitations, c'est ce pouvoir si élevé, que je caractérise encore bien faiblement, qu'on fait descendre à l'humiliante condition de cour spéciale, de cour prévôtale, assise sur les ruines de la justice du pays violée dans son sanctuaire.

» Et dans ce misérable état, elle sera saisie par la réquisition arbitraire, capricieuse du Gouvernement, tandis que la chambre des lords ne l'est que par l'accusation de la Chambre des communes, le Sénat américain par l'accusation de la chambre des représentants, qui n'accuse que des fonctionnaires publics ; et le Sénat américain ne prononce d'autre peine que l'incapacité politique, le fait quel qu'il soit étant toujours renvoyé au jury. .

Messieurs, la Chambre des pairs n'est que trop affaiblie, elle n'a éprouvé que trop de revers. Mutilée dans ses membres, dépouillée de sa prerogative vitale, compromise tout à l'heure dans un procès qui lui était étranger et auquel on l'a fatalement dévoué, elle a besoin qu'on ménage enfin sa dignité. . . . .

. . . .

. . . .

» Un tribunal permanent juge de la presse, perpétuellement battu par les flots irrités des partis, s'abîmera bientôt dans l'impuissance. Alors, Messieurs, alors la Chambre des pairs décriée, avilie, frappée de mort politique, ne pourra plus revivre que par l'élection. La Chambre des pairs élective, voilà, Messieurs, la dernière et inévitable conséquence de la loi. Je le veux bien ; mais ce n'est pas par cette voie qu'il faudrait y arriver. Et si nous y arrivons, en effet, une Chambre des pairs élue ne s'enrichira pas, soyez-en sûrs, de la dépouille du jury.

» Il reste beaucoup à dire, Messieurs, je le sens péniblement ; mais il ne m'est pas donné en ce moment d'achever mes pensées. Je jetterai, en finissant, un coup-d'œil sur notre situation. Le mal est grand, je le sais, je le déplore avec vous. Si, en cherchant ses causes, nous les découvrons, nous n'aurons peut-être pas encore découvert le remède, mais nous nous préserverons au moins d'adopter comme remède une aggravation de mal. Oui, Messieurs, le mal est grand, il est infini. Loin de moi de triompher à le décrire, mais est-il d'hier ? Est-il d'avant-hier ou de trois ans, comme on semble le croire ? Est-il tout entier dans la licence de la presse ? Enhardi par l'âge, je dirai ce que je pense, ce que j'ai vu.

» Il y a, Messieurs, une grande école d'immoralité ouverte depuis 50 ans, dont les enseignements, bien plus puissants que les journaux, retentissent aujourd'hui dans le monde entier. Cette école, ce sont les événements qui se sont accomplis presque sans relâche sous nos yeux. Repassez-les, le 6 octobre, le 10 août, le 21 janvier, le 31 mai, le 18 fructidor, le 18 brumaire, je m'arrête là. Que voyons-nous dans cette suite de Révolutions ? la victoire de la force sur l'ordre établi, quel qu'il fût, et à l'appui, des doctrines pour la légitimer. Nous avons obéi aux dominations imposées par la force ; nous avons reçu, célébré tour-à-tour les doctrines contraires qui les mettaient en honneur.

Le respect est éteint, dit-on ! Rien ne m'afflige, ne m'attriste davantage, car je n'estime rien plus que le respect ; mais qu'a-t-on respecté depuis cinquante ans ? Les croyances sont détruites ! Mais elles se sont détruites, elles se sont battues en ruine les unes les autres. Cette épreuve est trop forte pour l'humanité; elle y succombe. C'est ainsi que le pouvoir, création de la Providence, qui a fait les sociétés, a été arraché de ses fondements, et poursuivi comme une proie offerte à la force, sur laquelle se sont élancées les plus viles passions. »

CHAPITRE XII.

La Liberté de la Presse, élément nécessaire du Gouvernement Constitutionnel, base du Système Parlementaire.—Elle est la sauve-garde de tous les droits; — Sa puissance, lorsqu'elle est appliquée à des principes vrais;—Les phases qu'elle a parcourues depuis son établissement. — Cause et effet des Révolutions.

« Point de gouvernement constitutionnel sans liberté de la presse, a dit M. de Châteaubriand; point de liberté de presse sans l'assujettissement des personnes aux investigations de cette liberté; c'est par la presse que les droits des citoyens sont conservés, que justice est faite à chacun suivant son mérite. » Sans elle, en effet, il n'y a plus que le despotisme de quelques-uns, et l'esclavage de tous; une trentaine d'hommes, au milieu de la ruine de toutes les opinions indépendantes, promènent tranquillement sur le pays, et sans obstacles, la roue des plus bizarres caprices. Sous un régime basé sur de faux principes, le lendemain est disposé à rétracter ce qui fut établi la veille. Que cette précieuse liberté disparaisse, on peut impunément baillonner tous les droits, faire disparaître toutes les garanties, envelopper dans le même arbitraire les lambris du palais et les baillons de la chaumière, confier une autorité tyrannique à des mains inhabiles, à des hommes couverts d'opprobres, et se jouer impunément de la fortune et de l'existence des citoyens. Supprimez-la, qui viendra recueillir le cri de l'opprimé, et jeter à l'indignation publique la conduite de l'oppresseur? Qui donnera à la jeunesse, entourée d'écueils, les préceptes d'une morale étouffée sous le cri des passions? Qui rappellera les préceptes d'une religion dont les puissants ne savent même pas faire respecter les insignes et les ministres? Ces ministres eux-mêmes, qui les défendra contre les calomnies qui se multiplient autour d'eux? Qui enseignera aux peuples quel est leur caractère, leur mission sur la terre? Qui viendra se jeter comme un bouclier entre la vertu outragée et le vice sans cesse agresseur? Deux fléaux dévorent la société : l'un, lorsque l'âme est lancée dans un septicisme désespérant, dit à l'homme : tue-toi, et l'homme se tue...; le hideux suicide semble planer comme un ange rebelle sur les populations qu'il décime; l'autre, c'est un crime doublement hideux; il dit à l'homme : *tue ton semblable*, et de plus, *expose ta vie, elle est à toi, et tu peux en disposer;* et l'homme tue son semblable et se fait tuer lui-même. Eh! bien, qui montrera toutes les conséquences de ces deux plaies qui rongent la société? Qui tuera ces deux hydres qu'entretiennent l'irréligion et l'immoralité?

Les avantages de la presse sont immenses; c'est la chevalerie moderne redressant les torts, et faisant reculer l'injustice. Qui pourrait dire les fautes qu'elle a prévenues; combien de fois l'autorité a été arrêtée par ce frein salutaire ? C'est la nouvelle Vestale qui entretient le feu des saines croyances. Dans sa communion continuelle avec le pays, elle évoque et partage les principes de moralité, et est l'égide de tous les intérêts. Grâce à elle, les plaintes ont pu se faire jour souvent jusques au sanctuaire de la justice, et la grande voix du pays a prévalu sur la cupidité et l'intrigue. Que de choses accomplies par elle depuis dix ans! C'est elle qui a fait rentrer sous terre, d'où ils n'eussent jamais dû sortir, tous ces projets de loi insultes à la liberté, et strangulateurs de la prospérité de la France. C'est elle qui, dans les précédentes sessions, a soustrait le monopole formidable des chemins de fer aux mains du pouvoir ; c'est elle qui a posé le principe de la conversion des rentes ; mesure salutaire qui est venue mourir devant l'humeur de la chambre créée par le pouvoir royal, anomalie du système parlementaire ; c'est elle qui a dépossédé le gouvernement personnel ; c'est elle qui a fait crouler cette honteuse demande d'apanages pour un prince qui, déjà, possède une si colossale fortune. C'est elle, enfin, qui a brisé les verrous et les chaînes, et forcé le pouvoir de rendre à la société, à des familles éplorées, des hommes retenus dans les cabanons, par la vengeance impitoyable de la politique. . . . .

. . . .

Voici les résultats de son action journalière ; mais elle a une autre mission à remplir à laquelle quelques écrivains consacrent leur existence. Certes, s'il est une chose digne de reconnaissance, c'est l'apostolat de ces hommes qui, alors que tout leur est contraire, ont assez de courage au cœur, assez de foi dans la puissance de la vérité, pour se vouer à un perpétuel combat ; tournant le dos à la faveur, au repos, pour ramener une société aux principes de justice et de vérité, seuls propres à l'étreindre sur des bases durables. Mais pour que le pouvoir de la presse soit fort, pour que son action soit durable ; il faut qu'il soit appliqué à la vérité. Alors, il n'y a rien de si haut dans l'ordre moral, il n'y a rien qui ne disparaisse devant cette force éternelle ; car, dans le mouvement des sociétés, l'erreur peut bien grimper au pouvoir, mais cela dure un instant. C'est presque toujours en invoquant un principe de liberté qui doit se dessécher entre les mains de l'usurpation. Bientôt il faut l'enchaîner avec des échafauds, de la terreur, des lois d'exception. Mais la vérité est un lutteur contre lequel le plus intrépide champion ne saurait se mesurer ; elle domine les échafauds, et plane au-dessus du char des triomphateurs. Cromwel, ce vainqueur, est chassé par elle du vieux et sombre caveau de Wetminster ; tous ces dictateurs de la Révolution sont tués par les lois qu'ils ont faites ; Napoléon, ce géant en vain suivi de mille triomphes, terrassé par un principe, va mourir à Sainte-Hélène. C'est qu'encore une fois l'erreur ne saurait prendre racine ; elle s'écoule comme un torrent ; il n'est donné qu'aux doctrines fondées sur la justice et la vérité de triompher et d'établir un règne durable sur la terre.

C'est ce qui explique comment il est arrivé que les doctrines royalistes ont toujours prévalu avec la liberté de la presse : c'est ce qui donne le secret de l'antipathie qu'ont toujours manifestée contre elle les hommes de la Révolution, ne pouvant se maintenir qu'au moyen de coups d'état contre la liberté de la presse.

Le 29 août 1789, la liberté de la presse fut établie en France. Mais les Royalistes ne purent long-temps écrire en sûreté ; s'ils eussent pu jeter leur voix dans le débat, nul doute que bien des crimes eussent été épargnés à la France. Mais la mort devint bientôt le grand censeur, baillonnant toute voix indépendante. A la faction de Marat, aux hommes de sang qui avaient pour galons l'opprobre et la cruauté, à ceux-là le droit d'exprimer leurs pensées de perverse férocité, et d'égarer l'opinion publique. Les tribunaux révolutionnaires, établis dès le 17 août 1792, envoyaient à l'échafaud les écrivains, pour qu'ils ne révoltassent pas la conscience publique contre le grand attentat qui se préparait. Sous le Directoire, la presse est rendue à la liberté. Alors apparaissent les Fiévée, les Fontanes, les Michaud, les Lacretelle, etc., cette brillante et courageuse phalange d'écrivains. Leur influence opère un retour de l'opinion vers les Bourbons. Mais le 18 fructidor vient, en détruisant la liberté de la presse, retarder le triomphe de la légitimité. La presse garde ses chaînes sous le Consulat et l'Empire ; et Napoléon, cet athlète prodigieux, ne s'est jamais senti de force à se mesurer avec cette liberté ; il fit de son esclavage un instrument de son despotisme.

« Sous le poids de ses chaines brillantes, dit M. de Châteaubriand dans le mémorable travail qu'il accomplit en 1827, « les écrivains conservèrent seuls le souvenir des Bourbons ; on était distrait et enivré dans les camps par la victoire ; les gens de lettres, en fouillant dans les caveaux de Saint-Denis, et rappelant l'antique religion, réveillaient des regrets, faisaient naître des espérances : jamais race de Rois n'a tant eu à se louer de la presse que la race de saint Louis. »

Les Révolutions sont comme les cataclysmes du globe ; le monde moral suit les mêmes lois que le monde physique. Quand les siècles ont mûri une idée, elle emporte celui qu'elle surcharge, il s'écrase sous son poids; il faut que les institutions qui la gênent, que les intérêts qui lui font échec, se transforment en ruines. Les Révolutions ont presque toujours un mobile raisonnable, elles ont pour point de départ une vérité. Mais dans cette lutte des intérêts qui occupent la place contre les besoins nouveaux qui viennent entrer en lice, il se trouve des hommes audacieux qui se jettent dans la mêlée, attirés par l'ambition ; puis les passions les plus atroces viennent se jeter dans la bataille ; de là ces forfaits qui dépassent la mesure de l'homme, ces désordres qui viennent suspendre le cours de la société. Bientôt le despotisme détrône l'anarchie, il ne tarde pas à tomber lui-même, victime de ses propres excès, suicidé par son propre principe ; alors la vérité qui doit se produire, apparaît dégagée de tout ce qui l'a obscurci, et la société recouvre le principe qu'elle recherchait, il survit à tous les malheurs.

Le principe qui a agité les deux mondes, depuis 50 ans,

c'est la liberté. La liberté est dans la Monarchie aussi bien que dans les républiques. Les Monarchies représentatives, telles qu'elles se sont présentées en Europe, ne réalisent pas pour les peuples de moindres garanties de liberté que les républiques américaines. La République, en France, ne réalisa pas la liberté ; mais bien la plus atroce tyrannie qui ait jamais épouvanté le monde. Les Tibère, les Néron, les Caligula ne furent point de sa taille, ils étaient débonnaires en comparaison. La Révolution jeta dans une fosse commune les droits politiques comme les droits privés. C'est que tout se tient, dans la société ; la violation du droit public mène à la destruction du droit civil. La Révolution fit des propriétés, des fortunes, ce qu'elle avait fait des droits du citoyen, de l'électeur, des tribunaux, de la liberté de la presse ; elle dénia les uns et les autres. Aussi, le pied a glissé à la Révolution marchant à l'encontre de son principe. L'Empire, tout resplendissant de lauriers, s'est affaissé dans la main de l'hercule qui le soutenait. Cet hercule n'a pu tenir contre la liberté. La Restauration l'apporta au milieu de l'enthousiasme général. Mais un jour, dans un accès de délire, elle voulut mettre la main sur la charte ; des hommes du passé qui voyaient la société suivant leurs mœurs vieillies et non suivant la vérité, mesurant à leur taille la génération nouvelle, grandie sur les champs de bataille et dans les luttes publiques, crurent pouvoir, de leurs mains débiles, tenir en lesse cette jeune génération ; d'un revers de main, elle jeta dans la poussière les insensés qui l'entreprirent. Confondant dans sa colère un passé de 1,400 ans, elle le déracine du sol et le jette dans l'exil.

La Restauration donna dans deux extrêmes. La première phase fut remplie par les hommes de la Révolution qui poussèrent en avant l'esprit révolutionnaire; ils appliquèrent à leur développement le pouvoir qui leur fut confié. Fouché, le régicide ministre de Louis XVIII, devait conduire au 20 mars. Au retour du Roi, on revient encore au fatal système. Une grande proscription royaliste est organisée sous le petit-fils de saint Louis; on les exclut des places; il n'y a de faveurs que pour ceux qui ont trahi la couronne. On pousse le mépris et l'insulte jusques à amnistier ceux qui ont suivi à Gand la fortune de leur Roi malheureux. C'est contre les doctrines, avant-garde de la légitimité, que la censure s'exerce avec un luxe désespérant. Les hommes suspects, traînés devant les tribunaux comme conspirateurs, furent MM. Cannel, comte de Romilly, de Chauvigny.

M. de La Rochejacquelein, Berthier de Sauvigny, le duc de Fitz-James, MM. de Vibraye, baron de Vitrolles, MM. de Puyvert, l'illustre Châteaubriand, sont transformés en ennemis du trône. Par qui? par M. Decazes; ce nom si fatal à la Monarchie, ce nom qui figure aujourd'hui au plus haut rang de la faveur, dit assez ce que la royauté légitime pouvait attendre de tels ministres. Sur quelle pente funeste ils la placèrent; que de découragements ils ont semés; que de points importants ils ont abandonnés! Ce sont eux qui ont fait cette loi d'élection, boîte de Pandore de la Monarchie, d'où est sortie la Révolution.

M. de Châteaubriand, dans le *Conservateur*, s'est opposé,

avec toute la sublimité de son talent, à la loi funeste qui a fondé en France le monopole aussi contraire à la liberté que funeste à la Monarchie.

Voici comment M. de Villèle s'exprimait à ce sujet, dans son fameux rapport sur la loi électorale de 1816 :

.... En effet, disait-il, seraient-ils bien les députés des départements et exprimeraient-ils bien réellement l'opinion de la France, ceux à la nomination desquels n'auraient concouru qu'un aussi petit nombre de citoyens. Cette espèce de privilége exclusif accordé aux contribuables payant 300 fr. d'impôt direct, est-il dans nos mœurs actuelles? est-il d'accord avec le système du Gouvernement représentatif que nous sommes appelés à consolider par la loi qui vous est soumise en ce moment?

Il a paru, au contraire, à votre commission, que plus grand sera le nombre des Français qui participeront à la nomination des députés, plus la Chambre sera ce qu'elle doit être pour remplir la place qui lui est assignée par la charte, mieux elle portera au Roi la véritable expression de l'opinion publique, et plus elle exercera sur la France entière l'influence qui lui est nécessaire pour seconder les vues du Gouvernement et faciliter les sacrifices commandés par l'intérêt de l'Etat. »

MM. de Corbière, Labourdonnaie, Cardonel, de Bonald, etc., tinrent le même langage; et l'on est étonné, quand on se reporte aux discussions de cette époque, de voir sur quelle large base de liberté les Royalistes voulaient asseoir la Monarchie représentative.

Le cens, porté d'abord à 50 francs par M. de Villèle, fut abaissé à 30 par M. de Labourdonnaie, et réduit à 25 par M. de Corbière.

Si, plus tard, ces mêmes hommes n'ont pas réalisé leurs généreuses pensées, on ne saurait leur en faire un reproche en présence des difficultés qui les pressaient de toute part. Ils avaient à leur encontre une insurmontable et systématique opposition à leurs projets, surtout dans la chambre des pairs, que l'on avait vue, le 5 mars 1820, s'accroître subitement de 60 membres, recrutés uniquement pour maintenir la loi de 1817 et son odieux monopole.

Dans sa seconde période, la Restauration pécha par excès contraire. Après cette brillante conquête d'Espagne, alors que prit fin le ministère de M. de Châteaubriand, l'homme qui a le mieux compris de quel côté était la gloire et le salut, de quel côté était l'abîme, et qui, inutile Cassandre, fut plus tard réduit à pleurer sur les naufrages qu'il avait tant de fois prédits. Dans la crainte qu'inspirait la route qu'on avait laissé faire à la démocratie, on veut la faire rétrograder; inutiles efforts! dans les sociétés modernes, les idées sont bientôt changées en intérêts ; s'y attaquer, c'est s'en prendre à l'existence même de ceux-là que l'on veut déposséder. Bien plus, il y a toujours un immense péril; car la guerre n'est pas limitée à l'agresseur et à sa victime, à celle-ci viennent en aide les nombreuses fractions de la société, qui voient dans la tentative faite, un précédent qui peut se retourner contre elle. D'ailleurs, il n'y a plus que deux partis en présence ; celui ci, en prenant sont point de départ dans le passé, cherche à y rattacher le présent ; l'autre, appliquant au monde moral et politique le avant de Bonaparte, pousse devant lui ces prôneurs du passé. Les masses remuantes et mobiles se groupent autour du dernier, et précipitent les événements avec une rapidité qui donne le vertige.

. . . .

C'est ce qui a éclaté partout en Europe. Où s'arrêtera ce mouvement? nul ne peut y assigner un terme. Mais en voyant chaque jour de nouveaux intérêts surgir, des prétentions descendre dans la lice, comprimées un instant, pour revenir, plus audacieuses et plus terribles, se faire admettre de force dans l'Etat; en interrogeant ces bruits souterrains qui cavent des profondeurs sociales, en songeant à tout ce qui doit sortir de cette réforme demandée aujourd'hui par 300,000 voix, à la suite desquelles se rangeront des millions d'autres, en promenant l'œil et la pensée sur l'avenir que doit former le choc de tant d'éléments en ébullition, il est impossible de ne pas voir que nous marchons à un nouvel ordre social, que la société actuelle est sans défenses contre le flot qui s'avance. Voyez la vieille société, avec ses institutions, ses corporations, sa féodalité qui l'étreignait d'une main si vigoureure ; cette société toute bardée de fer, toute crénelée, présentait à peine quelques jours aux idées, cela leur a suffi ; elles s'y sont introduites une à une, et après avoir miné sourdement le colosse, elles l'ont jeté dans la poussière, dépecé, dépouillé de ses privilèges.

Et aujourd'hui, avec l'imprimerie, les presses mécaniques, la libre propagation de la pensée, qui doivent de plus en plus faire disparaître les distances, ce vaste réseau de chemin de fer qui bientôt, en couvrant le monde, va voiturer en wagons les pensées d'émancipation et de liberte, et doubler le mouvement de l'esprit humain, de celui de la vapeur ; avec cette fièvre qui a saisi tous les esprits, qui fait bondir chacun hors de sa position, sur un terrain uni et dégagé par la Révolution de tout ce qui pouvait faire obstacle; avec des Gouvernements nés depuis quelques jours d'une lave, sans racine, sans puissance, que le moindre souffle peut renverser : ce serait se faire illusion que de se croire en terre ferme. Un volcan est suspendu sur la société actuelle ; tôt ou tard, en vomissant ses laves, il la couvrira de ses débris, et le monde d'aujourd'hui ne sera plus que la couche du nouveau qu'il doit former.

Le genre humain s'avance par des voies nouvelles vers des rivages inconnus. La liberté d'examen interroge toutes les institutions des temps passés et sous leurs fondements ruineux, elle sape les vieux trônes absolus. Le despotisme n'a plus d'avenir, le temps des conquêtes est passé, le monde appartient à l'intelligence.

Sous tous les Gouvernements, des attaques violentes ont été dirigées contre la presse. Mais les Gouvernements révolutionnaires se sont toujours montrés les plus impitoyables, sans doute parce qu'ils l'avaient le plus exaltée.

Il nous resterait un vaste champ à parcourir pour montrer le néant de ces diverses accusations jetées tour-à-tour contre la presse, par les hommes qui sont passés au pouvoir; il serait téméraire à nous de l'entreprendre. Lorsque Châteaubriand a éclairé la question des lumières de son génie, il n'y a plus dès-lors qu'à se taire et à s'incliner.

Ce qui est un fait hors de discussion, c'est que la presse est une nécessité du temps. C'est le grand outil de la civilisation qu'il faut laisser travailler le présent, préparer l'avenir. Il y a quelques années, une machine infernale, qui venait de donner la mort au sein de la capitale, servit d'introduction à une loi de fer et de mort contre la presse. On ressuscita le règne de la terreur pour les idées; c'était une dictature masquée, honteuse, c'était la dictature du silence, tant on tendait de piéges à la pensée, tant elle proscrivait jusques au moindre élément de la discussion, jusques au moindre examen de toute forme, de tout principe politique; punissant le vœu, l'espérance compagne fidèle et consolatrice du malheur, anéantissant jusques aux dénominations des partis, comme les anciens républicains le calendrier. Quel délire! Sous cette loi, la bienfaisance, ce noble sentiment qui honore l'humanité, est réprouvée par les peines les plus graves; le cautionnement des journaux est augmenté dans une proportion inouie, comme pour organiser la féodalité des idées, et faire de la vérité le monopole de l'argent, ce stupide penseur.

Pour trouver une législation analogue, il faut remonter à la Convention, à l'Empire romain. Comme dans les lois de septembre, il y avait un sénat pour juger les attentats. « Et comme si ce n'était pas assez de ressemblance avec le » despotisme, a dit M. de Lamartine dans la discussion, » vous rentrez dans ces juridictions exceptionnelles, qui » sont le premier acheminement et le dernier complément » de cette tyrannie! Un prince qui nomme les sénateurs, » un sénat qui juge en tribunal de lèze-majesté : voilà donc » quel serait désormais tout le mécanisme de notre sys» tème de liberté et de légalité à l'égard de la presse. »

Qu'est-il résulté de ce système d'intimidation, d'interdiction, de dégradation? La colère du pays a soufflé sur les hommes qui s'en étaient faits les éditeurs. Elle a marqué au front, de l'anathême et de la flétrissure, ces hommes qui osaient dire : « que la terreur était la moralité des » sociétés. »

Doctrine dégradante, digne des doctrinaires, honnis et tombés du pouvoir, chargés de toutes les malédictions, pour avoir voulu museler la presse, pour avoir exigé de la liberté une humiliante répudiation d'elle-même; ils ont entraîné dans leur chute le gouvernement personnel. Ainsi il arrive à tous ceux qui traînent dans l'insulte le drapeau qui les a conduits à la victoire. Ainsi il arrive à ceux qui blasphèment ce qu'ils ont adoré, adorent ce qu'ils ont brisé. Oh! ce jeu est terrible; qu'il retombe en châtiment sur ceux qui le jouent; car il est destructif de toute vertu, et proclame que l'empire est au plus habile et au plus audacieux.

Et déjà, la justice du Ciel, cette loi éternelle des principes, qui passe par-dessus les volontés, les mesures de violence et d'arbitraire, a infligé aux renégats une cruelle expiation. La prérogative est tombée sous ses propres excès; la suprématie parlementaire s'est élevée, triomphante, sur ses ruines. A la chambre élective, désormais, aux électeurs la puissance, l'action, le droit de dicter des lois, de donner des ordres.

Dans cette situation, la mission, les devoirs de la presse grandissent encore. Elle est un des grands ressorts du mécanisme social, elle est l'opinion publique, et, dans un gouvernement représentatif, l'opinion publique est une reine à laquelle tout doit se soumettre. Elle a pour mission d'empêcher les empiétements du pouvoir, cette tendance envahissante de tous les parvenus à envahir, à corrompre, à tyranniser.

Son devoir est de marcher en avant des questions avec le flambeau de la discussion qui les éclaire, de venir en aide à la tribune, et de lui ouvrir les voies en prenant l'initiative pour tous les besoins, les intérêts du pays, en instruisant les gouvernés en même temps qu'elle éclaire les gouvernants. Elle éclaire le pays comme le pouvoir, et sa publication est une vaste éducation nationale, rendez-vous de toutes les notabilités, dirigée par l'élite des intelligences. Dépositaire des formules les plus avancées, elle est toujours plus instruite que le reste du pays, et elle se trouve constituée, par le fait, le moniteur de l'avenir de toutes les classes de la société et de tous les enseignements du siècle.

En vain quelques esprits, toujours disposés à une critique malveillante, à contester les choses les plus saillantes d'évidence, s'évertuent à nier cette puissance, disant : « A quoi » sert la presse? Ce journal ne signifie rien. » Grands esprits, ne comprenant pas plus le mouvement de la société que les évolutions de la pensée écrite, le mécanisme dans lequel il faut l'encadrer. Grands esprits qui critiquent faute de comprendre, ou pour dissimuler leur ignorance, leur impuissance à développer la plus mince question.

Nous le disons, avec l'impartialité d'une plume étrangère aujourd'hui à la presse et à tout ce qui tient au monde. C'est une noble et grande mission que celle de l'écrivain, du prêtre de la pensée, quand il entre en lice, poussé par une conviction, affranchi de tout calcul d'argent! Oui, c'est une grande mission, car les plus grands hommes d'état, les Pitt, les Burke, les Fox, les Canning, les Brougham, les Châteaubriand y ont employé leur génie. Royalistes, sachez apprécier le sacrifice de ceux qui se dévouent à cette pénible et laborieuse tâche! Qu'il soit honni celui qui, enveloppé d'une honteuse indifférence, garde son or pour ses plaisirs, n'a qu'un dévouement de parade qui ne coûte pas cher, et réserve sa censure à ceux qui sacrifient repos, fortune, pour obéir aux élans du cœur.

CHAPITRE XIII.

Députés fonctionnaires. — Incompatibilité de la mission du député avec les emplois publics.

Il est un cancer qui ronge la représentation, qui en détruit l'indépendance, en fausse l'esprit ; c'est l'envahissement de la Chambre par les fonctionnaires (1). Cet abus, en faisant de l'élection, dans ces dernières années, la grande

(1) Nous ne prétendons pas qu'il faut mettre hors la Chambre les fonctionnaires. Il importe que toutes les spécialités, que toutes les professions entrant dans la représentation nationale, puissent éclairer de leurs connaissances spéciales toutes les branches et les diverses questions. Nous n'avons pas ici à formuler un système, nous nous bornons à signaler les abus de l'organisation actuelle. Il importe beaucoup d'y apporter un remède. Dans ce but, nous nous rattachons, comme moyen d'y arriver, aux idées développées par M. Maurat-Ballange, rapporteur de la proposition Remilly, et croyons avec lui que le premier pas de la réforme parlementaire est d'étendre le cercle des incompatibilités.

route des faveurs et des emplois, a eu pour le pays des résultats bien funestes. Sans compter toutes les tentatives d'arbitraire, les lois odieuses, les charges publiques atteignant des proportions monstrueuses ; c'est l'admission d'un trop grand nombre de fonctionnaires dans la Chambre qui a fait des élections une lice ténébreuse où l'égoïsme et la corruption se sont étalés dans tout le cynisme de leur bassesse, dans toute la cupidité de leurs ignominieuses espérances.

Et d'abord, quelle indépendance attendre d'hommes salariés par celui qu'ils sont chargés de contrôler? Quoi! les élus de la Nation, pour se placer à l'encontre du pouvoir, recevront de lui des récompenses, des faveurs, de l'avancement, de l'argent; bien plus, leur titre de député sera un marche-pied pour arriver à tous ces avantages ; et l'on veut que ces hommes puissent être désintéressés, remplir leur mandat avec une loyale fermeté ; qu'ils ne soient pas entraînés à des complaisances pour le pouvoir, à l'abdication de leur mandat pour un avantage personnel ! Iront-ils, dans une lutte engagée entre l'intérêt public et les prodigalités ministérielles, voter contre les ministres, et sacrifier, par un vote généreux, ces mêmes places qui leur ont coûté, pour les obtenir et les conserver, tant de brigues, soit auprès du pouvoir, soit auprès des électeurs ? Non, le sacrifice de l'intérêt personnel à l'intérêt public serait une exception; c'est de l'héroïsme, et il ne faut pas compter sur l'héroïsme; il est rare dans tous les temps, mais bien plus rare aujourd'hui qu'il ne le fut jamais.

Il est dangereux de placer l'homme entre son intérêt et sa conscience ; il n'est donné qu'à un petit nombre de s'élever au-dessus des considérations matérielles, et de faire planer les inspirations du cœur et du devoir au-dessus de la voix des sordides calculs de l'égoïsme. Hélas! ces hommes sont rares ; il en est bien peu qui soient assez forts d'eux-mêmes pour mépriser l'argent et la faveur ; et lorsque des caractères tout formés d'élans généreux abordent les affaires, c'est pour être voués à un éternel combat ; ils portent au front la prédestination du malheur. Coulés dans un moule d'inspirations ardentes, rien ne les détourne de leur but, ils ne rampent point devant les heureux, ils foulent d'un pied dédaigneux les intrigants, ils restent sourds aux offres les plus séduisantes, pour rester fidèles à leur conviction ; et tous ces sacrifices, cette tourmente, amènent avec les rigueurs de la fortune le mépris des hommes du siècle. Voici venir les sages qui détournent la vue de l'homme qui a jeté son argent au vent ; mais celui-ci a en lui ce qui vaut mieux que les trésors, une pensée grande qui lui fait tenir le front toujours plus fier et plus audacieux, au milieu de ce troupeau d'esclaves. Aux uns l'or, à l'autre les nobles inspirations de l'âme : la balance penche encore de son côté.

Chaque année, l'honorable M. Gauguier, armé du bilan de statistique des fonctionnaires-députés, ne cesse de protester contre la dérision d'une représentation dont la moitié est à la dévotion du pouvoir. Malheureusement sa voix a toujours retenti dans le désert, et la fameuse proposition Remilly semble avoir été jetée pour faire trêve, un instant, à la réforme appelée par l'opinion publique. Cependant, si les électeurs ne continuent pas à méconnaître leur intérêt, ils doivent voir, au prix d'une triste expérience, qu'une Chambre, composée de fonctionnaires, est viciée dans son but comme dans son institution. Au lieu d'être la gardienne des lois et le censeur du pouvoir, elle n'en est que la vile complaisante; elle accordera tour-à-tour tous les sacrifices de liberté et d'argent. C'est ce qui s'est manifesté dans les sessions précédentes; c'est ce qui continuera jusqu'à une réforme parlementaire.

Que les électeurs le comprennent, qu'ils nomment des députés attachés à ce système, base d'une représentation vraie, et la réforme parlementaire, aussi bien que la réforme électorale, sortira de l'urne de leurs scrutins.

Il suffit de se rappeler tout ce qui a été fait par la Chambre, grâce aux fonctionnaires, pour que les électeurs soient à jamais dégoûtés de la tentation de prendre des hommes en place pour économes et pour mandataires.

Nous passerons sous silence tout ce qui touche à la politique, pour nous occuper uniquement des questions d'argent.

Nous invoquerons d'abord une grande autorité financière, M. Laffitte, qui, dans un discours mémorable, prononcé le 14 juin 1836, met en parallèle les six dernières années de la Restauration, et les six années qui ont suivi la Révolution de Juillet. « Dans les six années qui ont précédé la Révolution, dit-il, les contribuables ont payé cinq milliards 600 millions; dans les six années qui ont suivi la Révolution, ils ont payé sept milliards 500 millions. »

Un milliard 900 millions d'excédant de dépenses faites par la Révolution en six années; certes, c'était bien propre à arracher à M. Laffitte cet aveu terrible : « Je demande pardon à Dieu et aux hommes d'avoir contribué à la Révolution de Juillet. »

Et cette différence énorme, ce gouffre effrayant de charges s'est formé nonobstant les économies résultant de la suppression de la garde royale, des gardes-du-corps, des Suisses.

Mais cette diminution n'a pas même profité à la France. A l'accroissement des dépenses signalées par M. Laffitte, il convient d'ajouter les sommes qui ont été dévorées en sus du milliard 900 millions.

Et cette déplorable situation financière n'a pas cessé de s'aggraver depuis l'époque dont nous parlons. Les éléments nous manquent pour suivre le mal à travers ses diverses phases; mais il est constant que chaque année il se révèle toujours plus effrayant à la tribune et dans les cotes du contribuable.

Que n'a-t-on pas dit contre la garde royale et la maison militaire de l'ancien Roi? Nous avouerons que nous serions des premiers à en demander une pour Louis-Philippe, à la charge par lui d'en faire les frais comme Charles X, pourvu que le budget de la guerre fût réduit aux proportions établies sous la Restauration. Ce seul chapitre de la Révolution de Juillet présente un excédant de cent millions ; et cela a eu lieu au milieu d'une paix profonde avec toute l'Europe ; la Restauration, avec cent millions de moins, faisait l'expédition d'Espagne, délivrait la Morée, triomphait à Alger ! Quelle différence ! *O tempora, ô mores !*

Il ne faut pas s'étonner de tant de gaspillages, de l'énormité des impôts, des déficits, des emprunts, des dilapidations et des dépenses excessives dont nous avons été témoins. C'était la conséquence naturelle, forcée, de la présence d'un aussi grand nombre de fonctionnaires dans la Chambre, parties prenantes au budget.

Quelle économie peut-on espérer, en effet, d'une Chambre où fourmillent les agents du pouvoir, intéressés à repousser toute économie, toute réduction, pour n'en être pas atteints eux-mêmes ? Aussi, instruisez-vous aux exemples qui vous ont été donnés ! Une fois on s'était avisé de réduire les traitements des premiers présidents et des procureurs-généraux ; mais les députés fonctionnaires, prenant leur revanche à la législature suivante, rétablissent dans leur intégralité les traitements réduits. La Chambre refuse deux fois 25 millions demandés pour les travaux d'embellissement de Paris ; on se moque de cette décision, et l'on n'en dépense pas moins les millions refusés, sûr d'obtenir un bill d'indemnité et des crédits supplémentaires du servile dévoûment des députés fonctionnaires. Que n'a-t-on pas obtenu de cette classe de députés? 30 millions pour les Etats-Unis, des budgets extraordinaires, des apanages? Il y a là un mal immense qui dérive du vote de l'impôt par ceux qui en vivent, et non par ceux qui le paient. Ainsi, toute la nation est opprimée, dévorée pour l'avantage de quelques sangsues attachées à ses flancs.

Oh ! de pareils abus, de pareils scandales ne se sont jamais montrés sous l'ancienne Monarchie. Ce n'est pas notre faute s'il nous faut y puiser sans cesse des leçons pour l'instruction du présent. Les députés aux Etats-Généraux ne pouvaient accepter d'emploi salarié. Que le monopole qui parle de cette époque avec tant de mépris, que le monopole qui nous vante son régne de progrès et de liberté, restitue à la Nation, après de si terribles révolutions faites au nom des peuples, les garanties d'indépendance établies par nos vieux Rois, au lieu de ces faux-semblants et de ces théories d'un charlatanisme aussi funeste que trompeur.

CHAPITRE XIV.

Des partis en France.

Parmi les malheurs, cortége des Révolutions, il n'en est pas peut-être qui ait des conséquences plus funestes que le fractionnement de la Nation en partis. Dans cette lutte qu'ils engagent les uns contre les autres, l'unité et la puissance du pays s'affaissent, l'esprit public disparaît, chacun est son maître, chacun se fait une proie. La Nation, blessée au cœur, se trouve ainsi privée du mouvement qui lui donnait la force et la vie. Quand l'autorité est contestée, mal assise, paralysée par d'éternels combats, privée tout à la fois de la force morale et de la force matérielle, elle ne peut produire ni prospérité, ni ordre, encore moins entourer au-dehors le drapeau national de gloire et de considération. Toute Nation, ainsi divisée, est frappée de mort. Les peuples, pour commander au monde, ont besoin de concentrer leurs forces dans un sentiment symbolisé par le pouvoir ; ainsi est-il arrivé à toutes les époques grandioses de l'histoire du monde. A Rome, les partis avaient abdiqué envers César le droit de régner, à condition de vaincre ; il en fut de même des Grecs à l'égard d'Alexandre, qui avait mission de les venger de la Perse, leur vieille ennemie ; ainsi arriva-t-il à Athènes, en faveur de Périclès ; à Florence, en faveur des Médicis ; Louis XIV ne fut si fort que parce que toutes les forces de la France aboutirent à lui, et que tout ce qui restait de la vieille fronde fut absorbé par l'astre qui en était venu à concentrer la France dans *lui ;* la Convention ne put elle-même résister à l'Europe qu'en fondant les partis sous sa féroce dictature ; et ce n'est qu'en abdiquant entre les mains de Napoléon, que la France a pu étonner le monde par tant de victoires et de sublimes entreprises.

Si, en regard de ce tableau, nous exhumions de l'histoire les enseignements par lesquels elle révèle l'abîme où les Nations sont précipitées par les dissensions des partis, il y aurait une longue et lamentable série à parcourir.

Quel pêle-mêle de Nations étouffées par leurs propres mains ? A Carthage, les factions, après avoir arrêté le grand Annibal dans la course victorieuse sous laquelle il eût écrasé Rome, conduisent la puissante république d'Afrique à subir le joug romain. C'est l'Empire romain, ce colosse mis en lambeaux par les partis sortis de son sein, qui le livrent à l'invasion des barbares. C'est le Bas-Empire qui s'épuise lui-même pour tendre un cou sans défense au cimeterre ottoman. C'est l'Empire de Charlemagne, se perdant par la division qui arme ses enfants les uns contre les autres. C'est l'Italie moderne, épuisant dans des luttes intestines son sang le plus pur, pour devenir une proie plus facile au conquérant. Enfin, c'est l'Espagne de ce siècle, impuissante, livide, échevelée ; l'Espagne, naguère encore d'une vitalité si robuste, que les massacres, les crimes des partis révolutionnaires ont transformée en cadavre suspendu au-dessus d'un tombeau.

Parmi les mille nuances qui se partagent la France, il y a quatre grandes lignes auxquelles toutes les autres divisions viennent aboutir, les Dynastiques de Juillet, les Républicains, les Bonapartistes, les Légitimistes.

Les dynastiques de juillet se subdivisent en trois nuances principales : le juste-milieu, à peu-près ruiné, et qui a perdu le pouvoir sans retour ; le centre gauche, et la gauche dynastique. Ces trois sectes, et surtout les deux dernières, se sont réunies sous le drapeau de M. Thiers, qui s'est posé comme le représentant du gouvernement parlementaire, traduit par cette maxime : *Le Roi règne et ne gouverne pas.*

Dans cette situation, et avec le en-avant qui est le résultat inévitable du temps, le pouvoir royal est destiné à s'éclipser de plus en plus sous la domination de l'élément parlementaire, qui ne peut lui-même subsister qu'en se précipitant dans les bras de la réforme, d'où sortira un nouvel état social.

Vient le parti républicain ; les souvenirs qu'il éveille tiennent armée contre lui la plus grande partie des classes propriétaires. Mais il a derrière lui la file innombrable des prolétaires, il a des racines profondes dans les masses ; il n'en peut être autrement dans un pays labouré si long-temps par le soc des idées révolutionnaires. Nous croyons qu'il est dans la nature de ce parti de prendre de nouveaux développements, qui ne seront pas un des moindres embarras de l'avenir.

Vient le parti bonapartiste, qui n'a plus vie que sur des souvenirs. Les hommes comme Bonaparte n'ont pas d'héritiers ; ils lèguent leur gloire à la Nation, ils ne lèguent pas le sceptre. Néanmoins, ce parti, appuyé sur la gloire de Napoléon, sur ses œuvres fastiques, ne pouvait avoir déposé toutes ses espérances dans le cercueil attaché sur le rocher de Sainte-Hélène. L'influence qu'exerce sur le monde ce César moderne, plus étonnant que son devancier, retentira long-temps en France. Cet homme, tout à la fois législateur et guerrier, qui apparut comme un envoyé de Dieu pour briser les chaînes hideuses de la terreur, et reconstituer la société, a remué profondément le sol du monde ; il l'a tellement labouré par le char de la victoire et l'empire de sa pensée, que les sympathies d'admiration frénétique qui se groupent autour de ce grand nom eussent bien pu, dans quelque circonstance grave, faire explosion au profit du fils de l'Empereur, si le Roi de Rome n'était pas scellé dans la tombe où s'engouffrent toutes les espérances. Il eût suffi de la moindre étincelle pour faire éclater en sa faveur l'enthousiasme et le respect que conservait à l'Empereur une partie de la Nation. Mais l'éclat qui s'attachait à l'héritier direct de l'Empereur ne pouvait se projeter de la même manière sur les autres membres de sa famille. Le Gouvernement de la Révolution a seul fait surgir ce parti de ses cendres, en se cramponnant à tous les souvenirs de l'Empire, comme à un patronnage sous lequel il sentait le besoin d'abriter sa faiblesse. Il semble qu'on ait pris à tâche de relever le napoléonisme du linceul de gloire où il semblait couché à jamais, en même temps que l'Empereur. . . . .

. . . .

Le prince Louis Napoléon, qui a fait deux tentatives si extravagantes, est doué, dit-on, de qualités et de talents remarquables. Pour la plupart des hommes, le génie, c'est le succès ; la honte ou la gloire dépend d'un événement. Bercé avec les grandes choses de l'Empire, illuminé des rayons éblouissants de la gloire de son oncle, endormi sur les événements fabuleux de cette grande vie, le malheureux Louis Bonaparte n'a pas vu les changements survenus depuis la chute du chef de sa famille. Il n'a pu comprendre que les générations nouvelles se soient accoutumées au vide laissé par la disparition de l'homme qui étonnait le siècle de merveilles. Dans cette préoccupation, il est resté les yeux attachés sur cette page héroïque. Fatale erreur, malheureux prince, qui vous a précipité dans l'abîme ! Cependant la décadence de votre famille, ses malheurs aussi vastes que sa fortune ; l'exil plus surprenant encore de cette vieille race inféodée à nos fastes glorieux : tout vous criait qu'au temps où nous sommes, les souvenirs sont une fragile planche. Ils disparaissent dans le cours des événements, dans le renouvellement de la race humaine, comme l'écume du sillage d'un vaisseau sur l'Océan. Tel qu'un feuillet de l'histoire sépare les fortunes, telle une pelletée de terre les générations, tel un jour sépare les affections et réduit l'enthousiasme en poussière.

Aussi, nous qui ne cédons jamais aux préoccupations de parti, et qui nous plaçons à un plus vaste horizon, avons-nous frémi à la nouvelle du malheur où le neveu de l'Empereur vient d'être précipité par une folie que nous comprenons, en nous plaçant à son point de vue.

Le voici traduit devant la chambre des pairs, cette terrible juridiction exceptionnelle se dirigeant par les seules considérations politiques, où par conséquent il n'est pas de merci pour l'accusé, qui cesse d'être placé sous la sauvegarde de la loi et de la justice du pays.

C'est au moment où vous célébrez de mille apothéoses la mémoire de l'Empereur, que vous suspendez le glaive de la vengeance politique sur son neveu et sur le compagnon fidèle du captif de Sainte-Hélène, le général Montholon, dont le nom rayonne dans l'histoire, à côté de son illustre maître. Puis, avec eux paraîtront, sous la robe de criminels, tous ces jeunes enthousiastes qui ont pris à la lettre la reconnaissance de la légitimité napoléonienne, proclamée en pleine tribune par un ministre de Louis-Philippe, M. de Rémusat.

Et qui ces hommes entraîneront-ils à la barre politique

où ils vont comparaître, quand il faudra qu'ils expliquent leurs pensées, et par quelle filière, d'un faible germe, elles se sont développées au point de se traduire en acte ; quand ils auront à dire qui a armé les passions dont leurs cœurs brûlants ont armé leurs bras ? Qui entraîneront-ils à côté d'eux à la barre de la chambre des pairs ? Qui ?

Ceux qui se sont abrités derrière l'Empire, qui ont exalté ses trophées et ses droits ; ceux qui lui élèvent des monuments fastueux, ne cessent de représenter la Restauration comme sortie des bagages de l'Etranger, la Restauration qui ramena en France la famille d'Orléans, la Restauration d'où est sorti le pouvoir de la dynastie actuelle. Etonnez-vous que de jeunes et aventureuses imaginations tirent les conséquences de vos discours, veuillent relever les divinités devant lesquelles vous brûlez l'encens ! Ah ! de grâce, cessez vos fallacieux discours, car il n'en sort que scandales et désastres.

Mais que sera-ce que ce débat qui va s'ouvrir ? Que sera-ce aux yeux des populations que le scandale d'un arrêt rendu par un corps, mosaïque bariolée de tous les régimes, tout meublé des débris de la puissance, des compagnons de gloire de Napoléon ? Que sera-ce, si à la tête même de cette cour, parmi les juges mêmes du neveu de l'Empereur, il se trouve un homme, s'il se trouve des hommes qui ont fléchi le genou, courbé la tête devant Napoléon, juré par les plus solennels serments fidélité à lui et à sa dynastie ? Ah ! que voulez-vous que pense le peuple, la postérité, de tant d'inconséquences et d'un cynisme si audacieux ? C'est bien la grande école d'immoralité dont parlait Royer-Collard au sujet de la juridiction de la pairie.

Les hommes qui tiennent en exil la famille de l'Empereur, et font juger son neveu relèvent de la poudre blanche du sépulcre le drapeau impérial, rétablissent les signes de l'Empire, tapissent les galeries de Versailles de ses hauts faits d'armes, dressent des arcs-de-triomphe au Grand-Homme, vont recueillir pieusement ses cendres profanées par une captivité anglaise, pour lui faire un magnifique mausolée au milieu du dôme des Invalides, sous la garde des braves adoptés par la patrie. C'est bien ; mais lorsque vous décernez tant d'hommages, d'ovations, à une ombre héroïque, pourquoi tenir loin de la patrie ceux qui ont l'honneur de lui être unis ? Quoi ! vous honorez le mort, et à cause du mort vous persécutez les vivants ! Mais cela est infâme ; il n'y a donc que mensonge, charlatanisme, hypocrisie dans vos paroles, car c'est pitié de vous les voir démentir par vos actes.

Vient enfin le parti royaliste, qui résume à la fois le progrès et la liberté, en même temps qu'une belle organisation sociale. Ses racines touchent au berceau de la Constitution et il n'est pas un coin sur la terre de France où ne se trouve la ramification féconde de son influence et de ses idées.

« Que le droit et la légitimité soient partout, a dit » M. Guizot, alors seulement la société est stable et le

» pouvoir régulier. L'hérédité des trônes n'a d'autre objet » que de mettre le droit sur le trône, afin qu'il soit par- » tout.

» Les temps, qui avaient vu la ruine de la légitimité, » ont vu sa résurrection ; les hommes qui l'avaient renver- » sée l'ont rétablie ; les pouvoirs qu'elle condamnait s'en » sont emparés ; elle donne à la vie sociale, dans le passé » et dans l'avenir, cette étendue, cette perpétuité qui est un » des plus profonds besoins de notre nature.

» Ainsi, fermement persuadé que la légitimité des trônes » est une institution excellente, et que pour être cette insti- » tution, *légitimité doit être ancienne*, car autrement elle » n'est pas, je me demande par quel malheur la Révolution » serait condamnée à méconnaître ou à repousser un tel » bien. »

Avec ce célèbre publiciste, nous croyons ce principe nécessaire à la société, l'avenir du monde lui appartient, le présent a besoin de sa coopération pour échapper au danger qui le menace.

La puissance parlementaire sera bientôt, par la force même des choses, en dépit de toutes les résistances, la véritable souveraine. Qui lui a procuré autant de victoires que M. Berryer, une coopération plus zélée, plus intelligente ? Qui a fait les dernières élections à l'encontre du gouvernement personnel ? les Royalistes.

Ce parti a tous les éléments de force, d'influence, de pouvoir. Sa fortune, la large place qu'il occupe dans la société, ses principes, les garanties qu'il offre : tout lui assurerait l'action la plus efficace, s'il voulait se servir des éléments parlementaires qui sont dans ses mains. Aucune nuance ne pourrait se présenter aussi nombreuse à la Chambre, car il suffirait aux Royalistes de se mettre sérieusement à l'œuvre pour avoir au moins un député par département. Mais, hélas! frappé de nous ne savons quel engourdissement, il reste aux théories, au sentiment de son droit. Il se tient en dehors de la vie active ; pendant que tout s'agite, obéit à la loi de mouvement et de progrès qui travaille les sociétés modernes, il assiste simple spectateur à la déchéance de ses droits. Il peut les faire proclamer, et il se suicide par l'inaction et l'éloignement. Deux catégories se le partagent: ceux qui veulent aller en avant, les jeunes hommes surtout, pour suivre le siècle dans sa course fougueuse ; d'autres, les hommes du passé, qui voudraient le faire rétrograder. Ils ne voient pas qu'ils ont vieilli, que les idées sur lesquelles la société était assise ont été fauchées par la faux des révolutions. C'est un malheur assurément que de grandes choses, de belles institutions se soient abîmées dans le naufrage. Mais il n'est au pouvoir de personne de relever ce qui gît aujourd'hui dans la poussière. Il faut être de son siècle, ou abdiquer : il faut être avec le progrès, avec les besoins nouveaux, choisir entre la vie et la mort. C'est pour avoir manqué à ce principe, à cette grande loi de l'intelligence; c'est pour avoir répudié les hommes qui proclamaient cette vérité ; c'est pour avoir méconnu la voix de Châteaubriand, ce pieux chevalier des antiques souvenirs, en même temps que prophète éclairé de l'avenir; c'est pour avoir voulu se jeter au travers d'un torrent impétueux, au lieu de lui creuser un lit, qu'une Révolution est venue en trois journées déplacer le principe du pouvoir et bouleverser le pays par les plus effroyables malheurs. Hé bien, une si terrible leçon n'a pas éclairé, assoupli ces esprits aveuglés et rebelles. Ils gardent toujours leurs rêves d'un passé éteint, d'une société impossible. Les hommes qui ont voulu leur ouvrir une voie de salut, les hommes qui les auraient conduits à un port glorieux, si leur voix n'eût pas été méconnue, ont en récompense les anathèmes et les injustices. Voilà ce qui révolte notre cœur sincère, plein de vénération pour la vérité, l'éclat des talents, la noblesse du caractère. Aussi, avec quel dédain nous chassons devant nous ces étranges prédicants d'un autre âge, dont les idées ridées, les prétentions ignorantes, se portent les accusateurs du génie et du patriotisme.

Après cela étonnons-nous que le parti royaliste s'affaisse périodiquement! Comment en serait-il autrement? lorsqu'il faudrait agir avec union, se grouper autour des hommes éclatants qui attirent toutes les sympathies; voyez ce qui arrive! Les supériorités sont rejetées, baffouées. Lorsque la Restauration était au pouvoir, c'étaient des eunuques de cour qui chassaient des conseils de la couronne les Châteaubriand, les Hyde-de-Neuville, les Fitz-James, tous les hommes de cœur et d'intelligence. Puis le jour du danger dissipe, tel qu'un troupeau timide, ces intrépides faiseurs de coups d'état. Cependant, les renégats parurent seuls sur la brèche fumante de la Monarchie. Etranges renégats que ceux qui fuient la faveur et accourent à l'heure de l'infortune!

Et encore aujourd'hui, alors que tout devrait s'abriter sous la bannière du génie, sous le principe de liberté, voyez les inconséquences, les fautes, qui nous tuent, les misérables sentiments envahir la lice, s'attaquer aux plus nobles qualités, aux plus hauts caractères! Hélas de quels dégoûts n'est pas abreuvé chaque jour M. Berryer, l'hercule de la parole? Quels obstacles, quelles mesquines passions viennent se placer au-devant de la noble carrière que d'un vol d'aigle il avait entrepris de parcourir (1)!

En écrivant ces lignes, peut-être blesserons-nous des susceptibilités. L'anathème tombe sur celui qui fait entendre des vérités pénibles. Peu nous importe pour la part qui nous serait faite. Nous écoutons le cri de la conscience, et ne connaissons pas ces subterfuges, hypocrites voiles de la pensée. C'est de la sorte que bien des inimitiés se sont produites autour de nous, quoique bien jeune encore. L'indépendance les accumule toujours ardentes et nombreuses.

(1) Nous proclamons avec orgueil tout ce qu'il y a de vertu, d'honneur dans la plupart des hommes qui composent le parti royaliste. Impossible de trouver nulle part plus d'éléments propres à fonder la considération, l'influence, le succès. Mais en reconnaissant tout ce que ces individualités, prises isolément, ont d'honorable, le défaut d'activité, d'ensemble, leur éloignement de la scène publique, leur répugnance à se grouper, composent, de ces brillantes mosaïques, un tout défectueux auquel il y a hâte de remédier.

Nous savons cela; mais le rôle de flatteur ne va pas à notre nature, et les épines de l'ostracisme sont bien préférables pour nous aux sottes approbations, aussi bien qu'aux honteuses faveurs, livrée, dégradée, de la flatterie.

Il en est temps encore; faisant un usage éclairé des moyens qui lui appartiennent, le parti royaliste dominera la position. Car, nonobstant ses fautes, il est fort par ses idées, par ses traditions, par ses doctrines qui, toutes, sont nécessaires à l'ordre, et sans lesquelles il n'y a rien que des aventuriers qui sont portés au trône et qui en sont précipités. Il a avec lui la religion, la morale, la justice. Qui peut étaler aux regards un passé aussi grand, aussi glorieux que celui qui rayonne derrière lui? Qui peut présenter tant de gloire et plus de pureté? Les hommes qui lui appartiennent se sont toujours fait remarquer par leur honneur et leur loyauté; il semble qu'un reflet les illumine encore au milieu de la démoralisation jetée dans la société par les doctrines révolutionnaires.

Mais pour étreindre l'avenir, retenir les hommes de cœur, il importe que l'action remplace le rôle passif. Il faut que, comme le Grand-Prêtre de la loi, les Royalistes se présentent devant les populations le front orné comme d'un diadème de cette devise : *Doctrine et vérité*. Il y aurait un magnifique usage à faire de la presse, cette grande voix des temps modernes, en organisant partout une presse provinciale presque gratuite, pour devenir la nuée lumineuse éclairant le peuple et portant les idées régénératrices dans les classes les plus infimes. Royalistes, si vous vous bornez à gémir, à regarder passer les événements sans faire usage de vos droits, sans prélever sur vos grosses fortunes de bien légers sacrifices pour la propagation de vos doctrines ; les générations s'éloigneront de plus en plus de vous. Comment iraient-elles à une opinion qui, n'ayant plus conscience d'elle-même, abdique jusques à l'espérance? Ne vous tenez donc plus à l'écart du mouvement du siècle. Appuyés sur la considération qui vous est si légitimement acquise, prêchez intrépidement les doctrines de la morale qui sont le droit, la justice, l'ordre légitime d'un pouvoir. Elargissez votre horizon, en appelant le peuple à l'initiation de la parole écrite, cette épée de nos temps : entourez de vos sympathies celui qui la prend pour combattre avec et pour vos principes : ne restez pas murés dans une coupable indifférence des usurpations sociales. Soyez, avec les moyens qu'exige l'époque, dans les limites de la légalité, sans sortir de la constitution, les soutiens de la société ébranlée, et que ces paroles d'un grand Apôtre ne cessent de vous être présentes :

« Il en est temps, plus que temps; sortons de notre sommeil, ayons seulement la foi, et si nous le voulons, rien » n'est perdu. La Providence nous le fait assez entendre, » les infirmités de la société ne sont pas la mort, le Lazare peut encore revivre et secouer le suaire d'indifférence et d'incrédulité qui l'enveloppe. »

Car les ambitieux qui se disputent le pouvoir et la richesse passeront. Quand leurs folies auront comblé la mesure, alors les consciences éclairées reviendront aux principes régénérateurs, incessamment rappelés à la société. A votre tour alors de réparer les désastres, d'ouvrir le trésor de vos doctrines pour guérir les plaies faites à la France.

Car, dans notre France, les principes de vérité triomphent à la longue. La raison publique s'égare quelquefois. Mais tôt ou tard elle remonte de l'abîme à la surface, fait justice des erreurs et les chasse au loin devant elle. Puis, après bien des ruines et des débris, le peuple, las de la tourmente, finit par arborer lui-même la bannière réparatrice.

CHAPITRE XV.

Relations extérieures.

Les événements qui se déroulent à l'attention du monde, manifestent de plus en plus les progrès de la grande alliance monarchique et l'isolement qu'elle décrit autour de nous.

Cette triste situation, faite à la France par la Révolution, se révèle dans les symptômes de la politique extérieure, aussi bien que dans les faits qui s'accomplissent.

Et d'abord, proclamons-le : dans cette question si grave, comme toujours, nous abdiquons toute préoccupation de parti. Lorsqu'on aborde les questions extérieures, il est un point commun auquel les opinions les plus divergentes doivent se rencontrer, l'honneur et la prospérité de la France.

Au premier rang des antagonistes de la Révolution de Juillet et de ceux qu'elle a placés au pouvoir, apparaît l'empereur Nicolas. Aussi n'a-t-il laissé échapper aucune des occasions qui se sont offertes pour les humilier et leur manifester ses hautaines et malveillantes dispositions. Tout d'abord, il a placé une barrière infranchissable entre eux et lui, et s'il n'a cessé un seul instant de repousser leur contact, c'est autant par cette fierté dont s'enveloppe la puissance, que dominé par ses instincts naturels et par une appréciation vraie de sa position. C'est qu'en effet il sait que les principes qui trônent en France, à la moindre étincelle, feraient courir aux armes les populations frémissantes de la Pologne. Il a pu les réduire par la force; il a pu les rayer de la liste des nations indépendantes; en les accablant de ses hordes innombrables, il a pu les engloutir dans le gouffre de sa puissance; mais elles ont gardé le sentiment de la nationalité, et, les yeux tournés sur l'avenir, elle n'attendent qu'une occasion pour pousser le vieux cri de guerre et d'indépendance dont les enfants de la Pologne gardent le pieux souvenir, en attendant qu'ils puissent le faire retentir sur les champs de bataille.

Par cette haine de la Révolution, autant que par les dangers qu'elle voit dans ses principes, la Russie a un immense intérêt à voir les idées monarchiques régir l'Europe, et à se séparer des Gouvernements appuyés sur d'autres bases. Aussi le Czar oppose-t-il sa volonté de fer comme une digue où la propagande révolutionnaire doit venir se briser. Ennemi ardent des usurpations, confiant dans sa force, il a la ferme croyance qu'il fera pencher la balance du côté où il mettra son épée, tout aussi facilement qu'il a pu étouffer la nationalité polonaise, tout aussi facilement qu'il a pu s'arroger la suzeraineté sur le sceptre d'Orient.

Cet intérêt, qui a servi de boussole à la politique de la Russie, a aussi présidé à celle de l'Autriche, qui a bien plus à redouter que le colosse du Nord la propagande révolutionnaire. Vulnérable par la Hongrie, la Pologne autrichienne et ses possessions d'Italie, ces trois grandes bases de sa puissance, elle ne peut les tenir dans ses serres qu'autant qu'elle sera fidèle aux principes monarchiques dont elle tire la force aussi bien que la vie. Monarchie fédérale formée par des conquêtes, des investitures, des héritages, de l'aggrégation de peuples sans assimilation, de populations disparates, tant sous le rapport des races que sous celui des institutions civiles et politiques ; elle est pressée, cernée de tous côtés par des Etats que l'ambition, le besoin de leur développement peuvent armer contre elle. Aussi la Révolution de Juillet n'a servi qu'à la précipiter plus avant dans le système russe.

C'est un besoin impérieux pour elle de s'unir étroitement au cabinet de Saint-Pétersbourg. L'alliance continentale est pour cette puissance l'arche de salut.

Ainsi s'expliquent toutes les concessions faites au Czar par la politique de M. de Metternich ; il a voulu immobiliser ces éléments hétérogènes, espérant les raffermir par le sommeil, rendre compacte cette mosaïque de principautés, membres épars d'un vaste corps. Aux progrés de la Russie, il n'a cessé de tendre une main complaisante. L'Autriche, au lieu d'être une barrière contre la Russie, est devenue dans ses mains un moyen d'asservir l'Occident.

A côté de l'Autriche, et dominés par les mêmes intérêts, se trouvent le roi de Naples, uni à une princesse autrichienne ; le roi de Sardaigne, les souverains de Ferrare, de Modène, de Toscane, qui sont si étroitement liés au principe monarchique, et marchent avec la Russie.

Ce qui complète cette grande et redoutable alliance, ce qui devrait inspirer de tristes réflexions à Louis-Philippe, ce qui jette dans nos esprits l'inquiétude et le regret, c'est que la Prusse est étroitement liée à la Russie, c'est que ses espérances, son avenir, sa durée, reposent sur cette alliance; car elle sent la nécessité, comme l'a dit un de nos plus grands écrivains, « d'appuyer, sur le piédestal de la » Russie, cette colonne au fût étroit et démesurément al- » longé, qu'on appelle la monarchie du grand Frédéric. »

Cette puissance, établie aux portes de Sedan, est l'instrument le plus actif, le plus dangereux de la Russie, et lui garde deux portes ouvertes, l'une sur l'Allemagne, l'autre sur la France.

Voici venir le roi de Hanôvre, qui cesse d'être Anglais, comme Bernadotte a cessé d'être Français et révolutionnaire le jour où il sentit la couronne royale presser son front républicain. L'un et l'autre ont compris que la royauté devait être l'expression la plus vive de la nationalité. L'ancien lieutenant de Bonaparte n'hésita pas à combattre son ancien maître, pour obéir à ses devoirs de Suédois et de roi de Suède. Le duc de Cumberland a mis à bas la constitution d'importation britannique, et fait du Hanôvre un chaînon de plus pour la grande alliance monarchique ; lui, Anglais, il se détache de l'Angleterre pour se faire Germain. Bernadotte, comprenant l'intérêt de son peuple, se cramponne à la Russie. Il oublie son origine, car il comprend que l'intérêt de sa nouvelle patrie n'est pas celui de l'ancienne, et qu'une alliance avec le colosse du Nord est une question de salut et de vie pour son royaume. Ailleurs, en effet, serait pour lui la faiblesse et la mort. Dominé par ces considérations, comprenant les intérêts de son peuple, le besoin d'appuyer sa jeune royauté sur une alliance grande et forte, il s'est attaché fortement à la Russie, et la Suède est devenue le dernier anneau de la vaste chaîne de l'alliance du Nord.

La Hollande et la Bavière sont fortement attachées à ce système. L'alliance Russe-Germanique est favorable à leurs intérêts, et est une condition indispensable de leur existence.

La Hollande surtout est toute Russe, et a toujours la Belgique en vue. Nous eussions désiré voir la Belgique incorporée à la France, et devenir ainsi notre avant-garde au Nord. Tel était le projet de la Restauration ; mais la Révolution et les hommes nouveaux qu'elle a fait surgir n'ont pas osé mettre la main sur la garde de la vieille épée nationale ; ils n'ont su ni se décider à la guerre, ni profiter de la paix. L'insulte et le mépris sont tombés de toutes parts ; on les a acceptés ; et, pendant que les autres puissances ont élargi le cercle de leur action, en étouffant toutes les sympathies pour la France, et en s'appropriant nos pertes, nous sommes tombés à ce point d'infériorité que les Etats les plus petits de l'Europe nous bravent. S'il en est ainsi, de quel œil doivent nous mesurer les autres puissances ?

Ainsi, la Révolution n'a abouti qu'à une formidable confédération, qui nous laisse solitaires et sans appui au milieu du monde. L'étincelle de Juillet, après avoir soulevé la Pologne, n'a pas osé envoyer un caporal et quatre soldats pour assister à ses héroïques funérailles. C'est l'étincelle de Juillet qui a tué les alliances Napolitaine, Sarde, Suisse ; c'est elle qui a fait disparaître les distinctions de Suédois, de Bavarois, de Wurtembergeois, pour les réunir à la Prusse dans une alliance militaire, commerciale, fondée sur un nouveau systême de douanes contraire à la France, ainsi exclue des contrées où elle trouvait tant d'avantages et de si glorieux souvenirs.

L'Espagne a été long-temps le théâtre d'une lutte sanglante. Nous ne parlerons pas du traité de la quadruple alliance ; tout a été dit à cet égard, dans les deux Chambres, par les orateurs royalistes, et les événements n'ont que trop réalisé leurs sombres et douloureuses prévisions. Le dénouement de ce drame de sang est la dernière borne de la honte. Quoi! un Gouvernement prendra à gages la trahison d'un apostat, ne se sentant pas le cœur de marcher à visage découvert contre ce malheureux Don Carlos! Comment un Gouvernement peut-il se prostituer dans une guerre de traquenard, en cachant le piége sous le dévouement trompeur de celui que la confiance royale a élevé au commandement des armées? Infâme Maroto, descendant en ligne directe et formé du plus pur sang de Judas Iscariote, jouissez de votre or au milieu des magnificences de votre ignominie!

Honte, mille fois honte sur les hommes qui ont spéculé sur la félonie! honte aussi sur le assassins du malheureux comte d'Espagne! Lorsqu'un parti se trouve attaqué par de tels événements, sa mort est certaine; nous criâmes bien haut nos craintes à la nouvelle de l'assassinat des fidèles généraux de Charles V; nous les exprimâmes avec bien plus d'énergie encore, lors du traitement barbare exercé sur le général Catalan, qui, réuni à Cabrera, pouvait seul l'aider à soutenir l'édifice national ébranlé, mis dans un affreux péril par la trahison qui avait livré la Navarre, la Biscaye et les autres provinces, et séparé Charles V du dévouement, de la résignation, de la fidélité, de la valeur de ces dignes fils de Pélage.

Faut-il rappeler l'expédition d'Ancône, mensonge belliqueux, simulacre d'une audace trompeuse que l'on étale à la Nation, tout en obtenant une licence de l'étranger, moyennant la promesse de déménager à sa première réquisition?

Jamais, peut-être, pareil charlatanisme n'avait été employé pour abuser un peuple et l'endormir par de fallacieuses démonstrations.

Assez, assez de cette triste Revue. Vous, hommes de bien et gens honnêtes, à quelque bannière que vous apparteniez, à quelque parti que vous soyez livrés, contemplez ce tableau, expression douloureuse de faits accomplis sous vos yeux, et dites si le bonheur, l'ordre, la garantie de tous les droits se trouvent dans les systèmes destructeurs, ou bien du côté des principes et des hommes de la Religion, de la Monarchie, du côté des hommes qui s'appuient sur le piédestal de ce passé glorieux et de doctrines pures, seules bases sur lesquelles une Nation puisse grandir et prospérer.

CHAPITRE XVI.

Question d'Orient. — Alliance Russe. — Alliance Anglaise.

Au nombre des questions qui tiennent en suspens l'avenir du vieux monde, la question d'Orient tient la première place. Derrière cette lutte qui doit bouleverser les peuples, se déroule à nos regards un immense horizon. Essayons de déchirer le voile qui le couvre ; car la voix du passé et l'observation attentive des événements sont les prophètes de l'avenir.

Après la chute du vainqueur des Rois, de celui qui avait pu créer et renverser des Etats à son gré, une alliance fut faite entre tous les peuples. Le monde entier, las de combattre, avait besoin de repos. La Restauration profita de la paix pour jeter la France dans la voie des travaux et de l'industrie, dont elle avait été détournée par une longue série de désordres et de guerres.

La Révolution de 1830, en rompant la bonne harmonie qui nous liait aux grandes puissances, réveillait chez plusieurs peuples des souvenirs puissants encore. Les sillons de gloire que Bonaparte avait tracés si profonds, ne pouvaient être stériles. Aussi, il se fit un grand mouvement parmi les nations qui avaient partagé les gloires de l'Empire, et conservé le souvenir d'une confraternité d'armes avec les Français. Mais bien malheureuses furent les espérances qu'elles placèrent sur le Gouvernement de Juillet ; celui-ci, en même temps qu'il sacrifiait tout à l'alliance anglaise, était forcé d'assister, froid spectateur, au renversement des points d'appui sur lesquels il eût pu fonder sa puissance extérieure. La Révolution de Pologne, éclose sous l'action morale de la nôtre, a été étouffée; l'Espagne et le Portugal ont passé sous le vasselage de l'Angleterre; la Suisse, fidèle alliée de nos Rois, fait défaut à la France de Juillet.

Ainsi, au-dedans comme au-dehors, le Gouvernement s'est renfermé dans un système de négation. Né d'une Révolution, il ne s'est point appuyé sur les hommes de la Révolution. Neutraliser a été la grande affaire; car on a voulu neutraliser les hommes de la Monarchie comme les hommes de la République, les effets des principes que l'on soutenait en Espagne et Portugal comme les effets des insurrections qu'on faisait naître en Pologne et en Italie.

Quelle attitude, quelle ligne suivra la France le jour où l'Orient deviendra le champ de bataille du monde?

En considérant la politique suivie depuis dix ans, les

nécessités qui l'étreignent, les embarras accumulés autour d'elle, les terreurs qui l'assiégent, il nous sera facile de répondre.

Et d'abord, qu'il nous soit permis de jeter un regard rétrospectif, et remontant le cours du temps, de suivre la question d'Orient depuis le jour où elle a pris vie en Europe, jusques à notre époque, qui est surchargée de son avenir.

La direction de la Russie, c'est la route de Constantinople; Pierre-le-Grand l'indiqua. Il saisit de sa main puissante cette Moscovie barbare, et lança dans le système européen cette nouvelle planète, dont ses successeurs espèrent faire le soleil autour duquel le monde doit graviter. Il avait ouvert les voies à la Russie pour prendre sur la scène politique une place et un rôle à sa taille ; et lorsque la civilisation, pénétrant les couches des préjugés et de l'ignorance de 50 millions d'hommes, les eut poussés comme un troupeau à la révolution morale, accomplie par les conquêtes, les sciences, l'industrie, les héritiers du Czar purent jeter le poids de leur épée dans la balance de l'Europe, en s'écriant, comme le Gaulois : *Vœ victis;* en s'asseyant tranquillement dans le conseil des Rois, et réclamant leur part d'influence dans la paix, d'action dans la guerre, d'agrandissement après la victoire. Ce fut donc à partir de la conquête d'Azof, faite par Pierre-le-Grand, que datent les prétentions de la Russie à la domination du Bosphore. Ce prince avait embrassé d'un regard les immenses limites que devait atteindre l'empire fondé par son génie. Il mourut sans avoir pu réaliser ses vues, arrêté d'abord par les obstacles que lui suscita, au commencement de sa route, le belliqueux Charles XII; puis par sa malheureuse campagne de 1711 contre la Turquie, qui finit par le traité du Pruth. Mais les grands hommes n'emportent pas toujours avec eux leurs grandes pensées; aussi, les projets ambitieux du Czar furent-ils repris par Catherine. Bientôt la Russie se vit en état d'avouer plus franchement ses vues. Après le partage de la Pologne, elle put afficher audacieusement son ambition, en l'abritant sous la sauve-garde de son épée. Qu'avait-elle à craindre, en effet? La Cour de Copenhague se blotissait tremblante sous son haut patronage. Tombée avec Charles XII, un instant la terreur du Nord, la Suède était impuissante à contrarier, sur la mer Noire, les projets de sa redoutable voisine. Enfin, l'Autriche et la Prusse, complices de la destruction de la Pologne, ravisseurs de quelques-unes de ses dépouilles, marchaient séides de la fortune et de l'ambition russe.

Restaient la France et l'Angleterre pour lui fermer le chemin; c'était pour l'une et pour l'autre d'un immense intérêt; mais la politique égoïste de la Grande-Bretagne, cette jalousie qui la porte à saisir toutes les occasions de ruiner partout l'influence française, lui fit voir avec impassibilité les envahissements de la Cour de Saint-Pétersbourg. Le principe de cette indifférence avait pour objet l'élévation, au détriment de la France, du tarif des productions de la Syrie et de la Perse.

Ainsi, c'est dans la jalousie de l'Angleterre contre la

France qu'il faut chercher l'accroissement de la Russie en Orient, non-seulement toléré, mais encore favorisé par les Anglais. « Tout événement, écrivait en 1770 lord Rocheford à un ambassadeur anglais, tout événement, de nature à contrarier les intérêts de la France, est salué avec joie à la cour d'Angleterre. » Ce mot dit tout.

Pendant que la politique européenne, détournée de l'Orient, promenait ses champs de bataille de Cadix à Moscou, de Naples à Hambourg ; toujours fidèle à son système, la Russie poursuivait le cours de ses projets, en fondant des colonies, en avançant de plus en plus ses positions vers le monde Mahométan, en même temps qu'elle avançait ses conquêtes et ses établissements dans l'Asie Occidentale. Pour franchir la puissante barrière du Caucase, elle a sacrifié bien de l'or et du sang ; depuis un demi-siècle elle n'a cessé ses efforts pour l'assujettissement des tribus guerrières qui l'entourent. Napoléon, avec ce regard scrutateur de l'avenir, avait vu tout le danger qui se trouvait pour l'Europe dans un nouvel accroissement d'un empire possédant déjà tant d'éléments de puissance ; il avait voulu parquer dans ses limites le souverain d'une pareille étendue de territoire, redoutable par sa puissance autant que par la fanatique et aveugle obéissance de ses sujets. Pour atteindre ce but, il y consacra toute sa force de conquérant du monde, décuplée par son génie.

C'est ainsi qu'en 1808, avant l'entrevue d'Erfurth, l'empereur Alexandre, pour arriver au démembrement de l'Empire Ottoman, offrait à Napoléon, non-seulement les trois quarts de l'Europe, outre la Péninsule Espagnole, la péninsule Italique, son ascendant sur l'Allemagne, joints aux proportions gigantesques de l'Empire Français ; mais il offrit encore de laisser Napoléon maître de s'approprier tout ce qui pourrait lui convenir dans les possessions de l'empire Turc, la Bosnie, l'Albanie, la Morée, les Iles dépendantes, à condition de pouvoir comprendre dans son lot (celui d'Alexandre) Constantinople et les Dardannelles ; car il fallait bien, disait-il, qu'il eût les clés de sa maison.

Eh bien! quelque prix que Napoléon attachât à l'alliance russe, si importante pour lui, non-seulement contre l'Angleterre, mais encore contre l'Autriche, qui se préparait à une nouvelle levée de boucliers, il ne voulut jamais accéder à une pareille proposition, tant elle lui semblait exorbitante.

Ce qui n'est plus un doute pour personne, c'est l'état transitoire et précaire de l'Empire Ottoman ; on ne peut se le dissimuler, il s'écroule. Cette puissance qui, pendant tant de siècles, fit trembler la chrétienté tout entière, n'est plus qu'une ombre. Déjà, avant la guerre de 1828, la condition de la Turquie était celle d'un terrain vacant et comme en friche, auquel tous ses voisins semblaient convenus de ne pas toucher, de peur d'être obligés d'en faire un champ de bataille. Depuis, divers événements, l'attitude du Pacha, et la déplorable bataille de Nézib, ont mis à nu toutes les misères de ce gouvernement, et donné au monde la mesure de son impuissance à se protéger lui-même. A la suite de ces luttes désastreuses, la Porte a perdu le sentiment de son indépendance, elle a cessé de s'appartenir ; elle est devenue l'humble tributaire du plus redoutable de ses ennemis, en attendant qu'elle devienne sa proie. Minée dans ses bases, attaquée dans sa vieille foi politique, religieuse, et dans ses institutions, elle n'est plus qu'une ruine vivante, un fantôme d'empire, qu'un instrument qui se meut et s'endort au gré du colosse moscovite, son héritier, ou plutôt son suzerain. Le Czar règne dès ce moment sur la Turquie.

Mais se contentera-t-il toujours de cette suprématie, et consentira-t-il long-temps à garder le vassal?

Oh! non, sans doute ; cette modération sera de courte durée ; un jour le maître fera disparaître cette ombre de puissance ; car la grandeur et la force dédaignent de se dissimuler dans de vaines et inutiles précautions.

Enhardie de l'impuissance de la France de juillet, tranquillement assise sur les ruines de Varsovie, déjà maîtresse de la mer Noire et de la mer Caspienne, tenant pour ainsi dire les clés des Dardannelles et de la Perse, la Russie menace l'Europe et l'Asie, Constantinople, Tunis, Erzeroum, la route de l'Inde et les sources de l'Euphrate, est poussée à étendre sa puissance sur l'ancien monde, à joindre au sceptre du Nord celui de l'Orient, à devenir pour l'Occident un objet d'épouvante. Entraînée par les besoins de son commerce, de sa marine militaire et marchande, par les instincts impérieux de sa jeune et vigoureuse ambition, les tendances progressives de ses peuples, appuyée sur sa puissance colossale qui s'accroît de l'unité de ses mœurs, de son organisation politique et guerrière, il est évident qu'elle ne saurait se borner long-temps au rôle de protectrice, et qu'elle profitera d'une de ces circonstances, que l'avenir montre prochaines, pour déborder sur le Bosphore.

Une fois établie dans cette position, la Russie remplit tout l'Orient de sa présence; l'Asie Mineure, la Syrie, l'Egypte, l'Adriatique subissent son action irrésistible; tout l'ancien monde se prosterne devant elle, subjugué par son ascendant. La Perse, cernée sur presque tous les points, privée de la Turquie, son unique point d'appui, tombe forcément sous son joug. La Méditerranée lui est soumise. A ses richesses elle en ajoute de plus grandes encore. La marine trouve, dans les immenses forêts de la Turquie, des ressources inépuisables. Une vie nouvelle de civilisation et de travail s'ouvre pour ces peuples, abrutis et décimés jusqu'alors par le despotisme des Turcs. Les effets produits en Valachie et en Moldavie par un meilleur gouvernement, viennent leur ouvrir des sources de richesses et de bonheur. Mais toutes ces merveilles s'accompliront au profit d'un peuple qui se meut entre les limites du pôle glacé, de la Perse, de la Chine et de la Wartha.

Si l'on jette un coup d'œil sur la carte, si l'on parcourt l'immense ligne que la Russie englobe dans ses serres puissantes, on est fasciné par la grandeur du colosse. Mais à la puissance qui lui est propre, elle en joint une autre. Déjà, dans la vaste sphère où elle déploie sa force, la Russie ne rencontre que des Etats plus ou moins soumis à sa suprématie. La pensée russe domine dans la Suède, le Danemarck, la Hanôvre, la Prusse, la Confédération Germanique; l'Autriche y est enchaînée forcément, malgré l'œil inquiet avec lequel elle voit cet état de choses. Le Czar n'est séparé de Stockolm que par un bras de mer, et de Berlin que par quelques journées de marche. Son empire réunit à tous les avantages de l'attaque tous ceux de la défense; il est protégé par ses déserts, son climat, par la discipline et le nombre de ses armées. En suivant sur la carte cet immense compas que décrivent tant de nations soumises à sa suprématie, on demeure convaincu que, au premier mouvement de son redoutable protecteur, la Turquie ira s'abîmer dans ses ruines, et que le léopard britannique impuissant à lutter, pour ne pas être étouffé par le lion du Nord, composera avec lui au premier signal, en se réfugiant dans son habile et traîtreuse diplomatie, pour deshériter la France de tout bénéfice dans le grand drame qui se prépare. Et cependant la France monarchique, la France avec sa vieille dynastie si respectée des Czars, obtenait d'eux tous les avantages refusés à la France de Juillet. C'était là une occasion unique pour reculer notre Empire jusqu'à ses limites naturelles, pour obtenir tous les avantages de territoire, de commerce, d'industrie, de force, que, dans cette effroyable alliance anglaise, il faut sacrifier, nous n'osons dire à une alliée, mais à la plus perfide, à la plus dangereuse ennemie.

Que l'Angleterre nous abandonne, la position de la France est des plus déplorables, isolée au milieu du monde (1). Que la France, au contraire, suivant la pente naturelle de son intérêt, s'allie avec la Russie, c'en est fait de l'Angleterre, de ses possessions de l'Inde, de son empire sur les mers.

D'abord, la position géographique de la Russie ajoute d'immenses avantages à ceux qu'elle trouve déjà dans sa puissance; en trois jours une flotte peut transporter une armée de 40,000 hommes de Sépastopol sous les murs de Constantinople. Cette mesure décisive peut-être exécutée

(1) Partie de ces réflexions sur l'alliance anglaise et la question d'Orient ont paru dans la *Gazette du Centre* 1838. L'événement est venu confirmer mes prévisions, celles si énergiquement exprimées par M. le duc de Noailles à la dernière session. Voici à quoi ont abouti les sacrifices et les lâchetés de ces séides de l'alliance anglaise. Après avoir tout fait pour l'Angleterre, lui avoir offert l'holocauste de nos plus graves intérêts, celle-ci passe à l'ennemi, et la France reste seule contre la coalition du monde. Oh ! dans quelle déplorable impasse est acculée la politique nationale !

L'histoire n'a pas assez de flétrissure pour la molle politique de Louis XV laissant consommer le partage de la Pologne. Il en résulta, pour la France, un affaiblissement matériel et une décadence morale. Le partage de l'Orient avec l'exclusion de la France, conduit, dans un temps donné, au partage de notre territoire, si l'épée nationale n'enchaîne pas à l'instant ce sombre avenir.

Il faut avoir été frappé d'un bien stupide aveuglement, pour que notre diplomatie, à genoux devant l'Angleterre, nous ait livrés à cette impitoyable ennemie qui, en 1815, voulait nous ravir Lille, Metz, Strasbourg, toute la frontière de l'Alsace et de la Lorraine, vol ignominieux auquel s'opposa la générosité de l'empereur Alexandre.

avant qu'aucun gouvernement se doute même qu'elle ait été conçue. Les esprits, en Turquie, sont arrivés à ce point d'épuisement, qu'ils accepteraient la domination russe sans résistance, comme un fait auquel leur pensée s'est accoutumée. Tous ceux qui ont étudié cette question sont d'accord que, une fois les Russes maîtres de Constantinople et des châteaux des Dardanelles, leur position serait en quelque sorte inexpugnable, et qu'ils braveraient impunément tous les efforts maritimes de la France et de l'Angleterre; et si nos souvenirs sont exacts, c'est l'opinion du maréchal de Raguse, cet habile stratégiste formé à la grande école de l'Empereur, l'Angleterre tenterait vainement d'arrêter la marche du géant qui, tenant la Perse sous son vasselage, pourrait pousser au-delà de l'Indus ses hordes guerrières, et frapper d'un coup mortel la domination anglaise dans l'Inde. Cette grande idée fut conçue par Napoléon; gigantesque par rapport à la position lointaine de ce prince, elle serait de la plus facile application pour le maître de l'Orient, dans les conditions où se trouverait placé le Czar.

Ainsi, l'immense bénéfice des marchés du Levant, apanage des Anglais, est menacé par le fait, sauf l'établissement sur le Bosphore.

Pour réparer les désastres qui la menacent, l'Angleterre, voyant la Révolution qui se prépare, a jeté son dévolu sur l'Egypte.

Attachée à cette perspective, voyant avec désespoir chaque développement de la puissance du Pacha, chaque évolution civilisatrice propre à donner de la consistance à son édifice, elle n'a cessé de travailler à le miner et à le détruire. Elle a compris qu'il lui fallait à Alexandrie un pouvoir faible qu'elle pût renverser d'un coup de main, et que le plus grand obstacle à ses vues ambitieuses serait dans un gouvernement fort, établi sur le Nil, en possession de la Syrie et de l'Egypte. Dans la première hypothèse, elle établirait une communication de l'Indoustan à la Méditerranée par le golfe Persique, l'Euphrate et la Syrie (plan d'une grande difficulté); dans la seconde, beaucoup plus avantageuse, elle établirait, des rives de l'Indoustan, sa communication avec la Méditerranée, en remontant la mer Rouge et traversant l'Isthme de Suez. (Déjà les Anglais ont formé des établissements et établi la navigation par la vapeur entre Bombay et Suez.) Ainsi, les colonies se trouveraient rapprochées de la Métropole, et sous sa main; ainsi se trouverait à jamais assuré son empire sur la Méditerranée.

L'Angleterre, autant qu'il lui a été possible, a marché vers ce résultat. C'est pour cela qu'elle a fait, il y a déjà quelque temps, une expédition sur l'Euphrate, dans laquelle a échoué le colonel Chesney; c'est pour cela qu'elle s'est emparée de Buker, point important sur le Golfe Persique; c'est pour cela qu'elle s'est emparée d'Aden, qui commande à la mer Rouge; c'est pour cela qu'elle a poussé le sultan et ses hordes barbares contre l'armée du Pacha, espérant que l'avenir de l'Egypte, et les espérances de la France sur ce pays, resteraient sur le champ de bataille; mais le sort devait démentir les efforts des ennemis de Méhémet-Ali; la victoire est restée fidèle à son drapeau et a ouvert une voie plus large à son génie conquérant. Blessée d'un coup mortel par la défaite de Nézib, la perfide Albion a employé toutes les ruses de son génie pour nous entraîner à incendier la flotte égyptienne dans le port d'Alexandrie. C'eût été lancer nous-mêmes le brûlot qui aurait à jamais consumé nos espérances. Rendons justice à la politique du maréchal Soult ; il repoussa cette insultante proposition ; mais l'Angleterre n'en persiste pas moins dans ses dangereux projets. Trahie par les armes, ayant perdu la partie dans cette grande loterie, dont le canon est le héraut, c'est sur le honteux champ de bataille d'une ténébreuse diplomatie qu'elle combat Méhémet, et pour mettre une barrière entre lui et l'avenir, elle demande qu'on lui enlève la Syrie, cette annexe indispensable sans laquelle il n'y a pas d'Egypte. Séparée de la Syrie et du district d'Adana, qui est la clé de la Syrie, par le Taurus, l'Egypte n'est, en effet, qu'un vain nom, qu'un fantôme que le moindre souffle ferait évanouir.

A défaut d'une alliance avec la Russie, nous pouvions trouver quelques compensations du côté de l'Egypte, et un développement à nos intérêts extérieurs dans le besoin qu'elle a de nous. Mais là, comme partout, se révèle tout le danger de l'alliance anglaise, son incompatibilité avec les intérêts et l'honneur de la France.

L'Angleterre, dans les calculs de son égoïsme, a voué constamment inimitié à tout ce qui porte le caractère du génie et de la force, à tout ce qui tend une main amie à la France. Méhémet a paru, à l'entrée de l'Orient, comme un de ces météores qui éclairent leur passage d'une trace brillante; c'est un de ces hommes qui enfoncent bien avant dans la terre la puissance de la nation dont ils dirigent les destinées. Quelle brillante moisson pour notre industrie, notre commerce, nous offrait ce pays que Bonaparte avait jadis ébloui de sa gloire! Là, est un magnifique débouché pour notre industrie, notre activité, notre production. « Véritable machine à vapeur, mise en mouvement, chauf» fée par le génie, l'activité, l'intérêt de tous, qui fera » explosion, a dit M. Berryer, si les débouchés ne sont » pas conquis. » Là, enfin, est un allié d'une immense valeur, s'il nous faut descendre sur le champ de bataille; là, est le dernier terme, la borne glorieuse de notre puissance maritime qui, reliée à Alger, si elle était appuyée sur une alliance avec la Russie, viendrait à travers les deux mers sur lesquelles la France est asssise, se marier avec notre puissance continentale, se projetant jusqu'aux frontières du Rhin.

La nation qui possède déjà Malte, Corfou, Gibraltar, les Indes, une fois maîtresse de l'isthme de Suez, nous écraserait de sa puissance; elle nous enlèverait l'opulent commerce qui appartient naturellement à Marseille, en face de l'Egypte, dont la position en fait l'entrepôt naturel du commerce indien avec le reste du continent, et l'intermédiaire de celui-ci avec l'Egypte indépendante.

Pour obtenir un si beau résultat, il faut, ou posséder l'Egypte par nous-mêmes, ce qui était possible, facile même, dans une alliance avec la Russie ; ou, si un tel but est trop grand pour la faiblesse des pygmées qui nous gouvernent, il faut soutenir le Pacha, en faisant une vérité de l'appui efficace promis par M. Thiers, et non un vain programme comme tant d'autres engagements. Il importerait, d'abord, de constituer le Pacha dans les conditions de force et de durée qui peuvent le mettre hors du joug, de l'influence, des malveillantes dispositions de l'Angleterre. Il n'y a pas de bouleversement à faire, de guerre à entreprendre, de distraction de territoire; il suffit de maintenir ce qui existe, de reconnaître un fait accompli par le génie de Méhémet, sanctionné par les victoires d'Ibrahim (1).

Nous ne saurions donc comprendre l'inintelligente politique qui, méconnaissant nos plus précieux intérêts, les exigences les plus impérieuses du présent, la sûreté de notre avenir, tantôt sacrifie en larmoyant la nationalité polonaise, tantôt repousse la Belgique, évacue l'influence française de la Péninsule, tantôt nous déshérite de l'alliance suisse, russe, et abdique la grandeur des destinées qui nous étaient offertes en Orient, en se séparant de Méhémet. Où s'arrêteront les

(1) Ce chapitre, où la question d'Orient était d'ailleurs envisagée sous son vrai point de vue, a été écrit avant les derniers événements qui se sont produits. Le lecteur trouvera à la fin du livre de nouvelles considérations au point de vue nouveau de la question.

(Note de l'Éditeur).

sacrifices au peuple qui fut notre éternel rival, et que nous donnera en échange son ingrate reconnaissance? Il ne sait que pousser les autres au combat; il nous jettera, s'il le peut, sous les roues de l'ennemi qui le fait trembler, sauf à s'approprier quelques lambeaux de notre puissance. Ainsi est-il arrivé pour la Hollande, la plus ancienne, la plus fidèle alliée de l'Angleterre; elle est entraînée par elle à se joindre à la coalition, elle lui livre ses flottes, son argent, ses armées; en 1794, la guerre ayant tourné au profit des Français, l'Angleterre, pour récompenser la Hollande de ses bons et généreux services, incendie ses flottes; puis, n'ayant plus rien à craindre de son amie désarmée, elle court à toutes ses possessions, aux Antilles, dans l'Inde, s'en empare et s'établit définitivement au *Cap*, à *Ceylan*, à *Trinquemale*, et autres riches colonies.

La même trahison fut accomplie sur le Danemarck, en 1800. L'alliée de l'Angleterre, en pleine paix, sans déclaration de guerre, alla surprendre la flotte dans le port de Copenhague, la brûla, et imprima les ravages du boulet, des bombes et des obus, sur tous les édifices, jetant dans la ville la ruine et la mort.

C'est encore Gênes, ne comptant plus parmi les Etats libres, pour s'en être remis à la bonne foi de l'Angleterre; c'est le Portugal dans toute la honte de l'asservissement, ce sont les Moraves, Hyder, Ali, Tipoo-Saeb, tour-à-tour détruits, après s'être laissé endormir par une fausse amitié et de fallacieuses promesses.

La Révolution de Juillet a confié la direction politique de la France à des hommes oublieux des sombres souvenirs qui nous viennent du peuple britannique. Il était digne d'eux, sans doute, de leurs antécédents de destruction, de leurs instincts novateurs, de méconnaître les exemples de nos Rois, de répudier le système de Napoléon, en même temps que tout le passé national, tout éclatant qu'il nous a été transmis, de cette continuité d'efforts contre une alliance qui ne peut être qu'un baiser de Judas.

L'Angleterre a toujours porté au cœur une jalousie, une haine contre la gloire et la grandeur française ; il n'y a pas eu quatre siècles de terribles luttes pour de vains motifs ; la grandeur future de notre domination en Afrique n'a pas d'ennemis plus redoutables, nonobstant une alliance, vernis jeté par les antipathies des deux nations ; les intérêts entre ces deux puissances sont trop opposés, pour qu'ils ne se heurtent pas de nouveau. C'est la lutte de Rome et de Carthage.

Nous avons démontré, et cela est écrit dans le cœur de tout Français, qu'elle n'avait cessé de poursuivre l'abaissement de la France ; et si, aveuglée par sa malveillance, ses efforts n'ont abouti qu'à la placer en face d'un ennemi terrible, qu'elle en subisse la peine ; ce sera une justice du ciel ; elle-même aura posé le principe de sa chute (1).

La Russie et la France sont placées dans les conditions les plus favorables. Par la distance qui les sépare, il n'est pas de prétexte à une collision ; la sûreté de son territoire, les prétentions de sa marine, ne font point à cette dernière un besoin de la conservation de l'Empire ottoman. Ses intérêts commerciaux ne sauraient être compromis de l'établissement des Russes à Constantinople ; elle n'a point de possessions, de colonies qui puissent être exposées à l'envahissement ; son commerce avec le Levant est tellement restreint, comparativement à celui des Anglais, qu'il ne saurait être atteint. L'établissement d'une marine russe dans la Méditerranée s'imputant en diminution de la puissance maritime de l'Angleterre, la France serait ainsi débarrassée de la seule rivale qui puisse lui faire ombrage, et la Russie, nécessairement, absorbée par le commerce de l'Orient, de la Perse, de l'Inde, serait réduite à lui abandonner le sceptre de la Méditerranée. L'avantage de cette position ne pouvait échapper à la sagacité de Napoléon ; il faut, disait-il, que la Méditerranée soit un lac français. L'Angleterre, qui fut toujours pour nous la boîte de Pandore, fit évanouir le rêve du grand Empereur. On sait ce qu'il advint. Plus tard,

(1) En ce moment, elle précipite cet ennemi contre le Pacha ; et dans un plus lointain horizon, la jalousie anglaise désigne la France à sa colère.

Alexandre et Nicolas s'unirent étroitement avec la France ; les cabinets des Tuileries et de Saint-Pétersbourg, d'accord sur les questions des principes, l'étaient bien davantage encore sur les intérêts positifs; la Russie avait été amenée par le comte de Laferronnais, ambassadeur de Charles X, à favoriser l'extension de nos limites jusqu'au Rhin. A ces égards, à cette bonne harmonie, à cette franche amitié qu'elle prodigua à la France pendant 15 années, ont succédé des dispositions malveillantes. Nos diplomates révolutionnaires nous ont livrés à l'Angleterre, et ils ont célébré le traité de la quadruple alliance, comme un des événements les plus mémorables de notre époque ; ce traité, que M. Berryer a dit être une patente, une licence donnée à l'Angleterre de faire seule tout ce qu'elle voudra, promettant de l'approuver à l'avance ; ce traité, qui est un acquiescement aux intérêts matériels et à la domination de l'Angleterre, au moyen duquel ce grand orateur prédisait qu'on la verrait plus tard garder le port du Passage menaçant pour le Golfe de Gascogne.

Pour savoir si c'est bien de ce côté qu'on peut trouver gloire et profit, il suffit de coordonner notre situation avec les faits nombreux qui se sont produits. Qui, depuis plusieurs siècles, s'est constamment placé à l'encontre de la France ? Qui a combattu ses intérêts, multiplié les obstacles autour de ses alliances extérieures ? l'Angleterre. Qui a présenté à notre commerce et à notre industrie la rivalité la plus profonde, la plus âpre, la plus tracassière ? l'Angleterre. Qui, pendant que la Russie nous offrait les glorieuses et larges limites du Rhin, s'est opposé à l'expédition de l'Espagne, en 1823 ; à l'expédition d'Alger, en 1829 ? l'Angleterre. Pour qui la renonciation, à Saint-Domingue, de la souveraineté et du privilége commercial ? Pour qui la rupture, en Espagne, du pacte de famille ; les fonds prodigués à l'usurpation ? Qui a profité des sommes payées aux Américains et aux Grecs, de l'abaissement des droits sur des importations anglaises, de nos traités avec le Mexique et le Texas ?

L'Angleterre !

Puis, elle s'est précipitée comme une ennemie jalouse, partout où il se présentait, pour la France, de la gloire et des avantages à recueillir.

Ainsi, l'alliance anglaise ne peut qu'être fatale à la France. Le cabinet de Londres croit pouvoir nous jeter en avant et au travers des dangers qui le menacent, et, au besoin, enrôler nos régiments, comme naguère il mettait sous ses drapeaux les Portugais et les Espagnols, pour les pousser contre l'Empire. Vaine espérance ! Le Gouvernement, après avoir perdu tous les avantages de l'alliance naturelle qui nous était acquise sous la Restauration, ne peut même obtenir une compensation de sa nouvelle alliée. Arrive le jour des démonstrations énergiques, et les hommes qui ont pris pour devise le néant, qui sont restés enchaînés dans toutes les circonstances, battront en retraite quand il s'agira de faire une vérité de leurs projets belliqueux.

Pendant que les embarras de la fausse position où est placée la France, la condamnent à l'impuissance et la déshéritent des bénéfices à recueillir dans ce grand drame de l'Orient, qui doit ouvrir une ère nouvelle à la distribution du monde; la Russie, en se posant à Constantinople et à Stokholm, en couvrant sa tête et ses flancs, en mettant les Dardanelles sous sa protection, s'est fait une position que n'eût pu lui procurer la guerre la plus favorable.

La Turquie et la Perse palpitent sous l'étreinte de sa main de fer. L'Autriche, l'Allemagne, et toutes les nations du Nord redoutent son pouvoir. Le jour où le colosse moscovite lancera ses flottes et ses armées sur Constantinople, la Révolution qui doit changer la destinée du monde, aura commencé. Mais il ne se présentera plus un autre Napoléon, pour aller frapper le géant au cœur de sa puissance. Supposons la France placée dans les conditions de sa force, assise sur des principes forts, sur un pouvoir national; le léopard britannique, expiant les maux qu'il nous a faits depuis quatre siècles, était réduit à rugir impuissant dans les limites que lui forme l'Océan. A ce rêve brillant, qui pouvait devenir si facilement une réalité, à cette riche moisson d'avantages, il faut dire adieu. La France, sans considération au-dehors, repoussée par les grandes puissances, est réduite à tenir son épée immobile dans le fourreau, et à faire entendre de vaines protestations que l'Europe dédaigne. L'Angleterre, Judas établi sur les mers, nous abandonnera, nous trahira; nous ne recueillerons que mystifications, la risée du monde, et les fruits amers de l'imprévoyante politique qui dirige nos destinées.

Car, dans le cœur de tout Anglais, ces mots du ministre Walpole sont restés une vérité, une conviction « que l'Angleterre serait perdue si elle agissait une heure de bonne foi avec la France.

Cependant, depuis la Révolution, nous n'avons fait que servir avec un dévoûment croissant ses intérêts.

C'est à son profit exclusif que les Révolutions de Belgique, d'Espagne, de Portugal ont été faites. Au point de vue commercial, les modifications apportées à la loi des douanes ont ouvert de nouveaux débouchés à son commerce. Un ministère français a laissé l'Angleterre s'emparer des clés de la Péninsule, encombrée depuis de marchandises anglaises, tandis qu'au Nord le commerce est interdit à nos provinces du midi, du côté de la mer par l'Angleterre, et sur terre par nos troupes faisant l'office de douaniers anglais.

Et ces alliés, pour lesquels nous faisons tant de sacrifices, sont ceux qui, depuis la conquête d'Alger, nous suscitent toute espèce d'obstacles en Afrique, ramènent au combat nos ennemis découragés par la valeur de nos soldats, et rendent la fureur de la barbarie plus redoutable des secours d'une habile stratégie, des enseignements de la civilisation. Ainsi, l'Angleterre s'est toujours fait gloire de faire la France sa dupe et sa victime. Sous l'ancienne Monarchie, ce fut notre plus implacable ennemie ; sous la République, l'Empire, en 1815, elle ne cessa de fomenter tout ce qui pouvait nous diviser, nous affaiblir, nous écraser ; c'est elle, enfin, qui nous a fait perdre notre glorieuse frontière, indispensable boulevard à notre force. Les souvenirs de quatre siècles de luttes, les désastres d'Azincourt, de Poitiers, de Crécy, les perfidies de Quiberon, les coalitions contre l'Empire et le cours des événements survenus depuis, la grande ombre de Napoléon perpétuant, à travers les siècles, l'ignominie de ses bourreaux : tout proclame cette vérité que jeta du haut de la tribune le noble duc de Fitz-James : l'*Alliance anglaise est un mensonge !*

CHAPITRE XVII.

Esquisse historique.

Révolution d'Angleterre. — Révolution française. — Louis XVI, Marie Antoinette. — Charles V et la Révolution d'Espagne. = Cromwel et son portrait. — Points de contacts et dissemblances entre les Stuarts et les Bourbons.

Les œuvres révolutionnaires sont un grand enseignement, car elles sont toutes dirigées contre la liberté.

La Révolution en Angleterre fit des Parlements ce que fit 140 ans plus tard la Révolution française. Des hommes factieux, engendrés par les factions, usurpèrent le pouvoir dans les deux pays. Dans les deux Révolutions, les libertés publiques, la liberté de la presse sont sacrifiées aux partis tour-à-tour triomphants. En Angleterre, ce sont les indépendants et les presbytériens qui s'expulsent tour-à-tour des communes. Dans cette lutte entre l'autorité royale et la prérogative parlementaire, lorsque la fortune a trahi Charles à Naseby, que la trahison, ce dernier calice d'amertume des princes malheureux l'eut livré à ses ennemis, la faction militaire demande le jugement du Roi. Le Parlement, effrayé du mouvement qu'il avait soulevé, prescrit à Hamond de ne pas livrer à la soldatesque le prince découronné. Souvent les hommes qui ont commencé les Révolutions, effrayés des cris qui s'élèvent autour d'eux, des désordres qui grandissent, des malheurs qui se succèdent, veulent s'arrêter tout à coup. Ainsi firent les communes qui, ayant reçu l'ultimatum de Charles, retenu au château de Hurst, veulent conclure un traité avec leur Roi. En vain des soldats veulent changer leur résolution, elles opposent le courage à la violence, le droit aux hurlements des factions.

Mais la Révolution méconnaît la loi, l'autorité, l'intérêt du présent, le soin de l'avenir. Le vote courageux des communes aboutit à leur proscription. Cent q uarante-cinq membres furent exclus arbitrairement. On ne s'arrête pas là encore. De trois cent quarante votants présents à la délibération, qui avait pour but de traiter avec le Roi, il n'en reste bientôt que cinquante-trois. Séides, valets qui vont composer ce Parlement rump, que la volonté de Cromwel trouvera toujours dociles pour le crime comme pour la honte.

La chambre haute ne pouvait échapper à la proscription

qui avait frappé les élus de la Nation. Mais au moins elle voulut mourir noblement. Réduite à seize membres, elle rejeta le double bill qui traduisait devant une cour de justice Charles comme criminel, en créant une juridiction spéciale. Toujours cette tendance des Révolutions, des autorités illégitimes à décliner la justice du pays, pour y substituer la servilité, la bassesse des tribunaux d'exception, qui, moyennant salaire, vendent le sang et la liberté.

L'indépendance de la chambre des pairs fut saluée d'un arrêt de proscription rendu par le rump.

« Attendu que les membres des communes sont les vérita-
» bles représentants du peuple, de qui, aprés Dieu, émane tout
» pouvoir ; la loi naît des communes, et n'a besoin pour être
» obligatoire ni du concours des pairs, ni de celui du Roi. »

La République en Angleterre ne fut pas la liberté, elle ne vint qu'à la suite. Ce fut un triste et douloureux temps.

« Prés d'une moitié de la propriété anglaise avait été
» séquestrée par le Parlement, sous le prétexte de l'atta-
» chement que les propriétaires conservaient aux opinions
» royalistes. Le clergé anglican était errant dans les bois ;
» des victimes entassées dans les pontons sur la Tamise,
» périssaient de maladie, et quelquefois de faim. On avait
» établi des comités investis du droit de vie et de mort,
» lesquels, sans forme de procès, dépouillaient les citoyens.
» Ces comités exerçaient des vengeances, vendaient la
» justice, et protégeaient le crime. CHATEAUBRIAND. »

Néanmoins les crimes s'arrêtèrent aux limites de la politique, et ne firent pas, comme en France, cette effroyable invasion qui couvrit d'oppression et de ruines l'ordre civil, la société comme les familles en Angleterre; à part les luttes des factions, les fureurs et les vengeances du combat, la justice n'interrompit pas son cours au-dedans.

Nous avons encore recours au grand écrivain pour expliquer ainsi la différence qui se trouve entre les deux Révolutions :

« Cette courte république ne fut pas sans gloire au-dehors, » ni même sans vertu, sans liberté et sans justice au-dedans. » Les membres des communes s'exclurent, il est vrai, mais » ils ne se décimèrent point, ne s'assassinèrent point tour-» à-tour comme les conventionnels. La République fran-» çaise exista douze années, de 1792 à 1804, érection de » l'Empire, temps de gloire et de conquêtes au-dehors, » mais de crimes, d'oppression et d'iniquités au-dedans. » Cette différence entre deux Révolutions, qui ont cepen-» dant produit en dernier résultat la même liberté, vient » du sentiment religieux qui animait les novateurs de la » Grande-Bretagne, et des principes d'irréligion qu'affi-» chaient les artisans de nos désastres. Quelques vertus peu-» vent exister dans la superstition, il n'y en a point dans » l'impiété. Les révolutionnaires anglais, fanatiques, con-» nurent le repentir; les révolutionnaires français, athées, » ont tous été sans remords : ils étaient insensibles à la fois » comme la matière et le néant. »

Quand on aborde notre Révolution, il n'est pas de tableau pour en retracer l'horreur; la propriété est ravie aux légitimes possesseurs pour devenir le prix de la délation, la proie des plus hideuses passions; la religion est flagellée, tout ce qui porte le signe de la vertu, du génie, de la richesse tombe sous le fer de cent mille assassins. Il n'est pas jusques à la souveraineté du peuple, ce principe objet de tant d'enthousiasmes, qui ne soit méconnu dans la personne de ses représentants assassinés en masse, tels que les Girondins, nonobstant leur inviolabilité, et jetés aux gémonies les uns aprés les autres.

Oh! quel effroyable horizon se présente à nos regards. La civilisation retrograde au-delà des plus farouches actes de la barbarie; tout est comité ou tribunal révolutionnaire. Il y en a 50,000 d'institués desservis par 540,000 accusateurs. Les champs restés en friche ouvrent le chemin à une effroyable famine. Les populations, saisies de terreur, délaissent leurs travaux et leurs plaisirs. Chacun n'ose lever les yeux sur la muraille dans la crainte d'y lire sa condamnation. Puis, tout-à-coup, un bruit se fait entendre. Ce sont les roues d'un char mystérieux, immense, qui roule tout chargé d'échafauds, de têtes coupées et de trônes brisés. C'est le char de la Révolution! Voyez ce peuple hideux et couvert de haillons aux yeux hagards, aux yeux ensanglantés. C'est le peuple de la Révolution.

Ce char passe comme un prodige d'épouvante d'un bout de la France à l'autre. On y précipite les femmes les plus belles. les plus innocentes, les plus suaves jeunes filles. Pas de pitié pour ces anges auxquels le Ciel a attaché ce qu'il y a de plus propre à toucher les hommes : l'innocence qui rayonne sur leurs fronts. Les guillotines frappent jour et nuit mille coups qui, retombant en même temps, couvrent le bruit du canon. Tout devient prétexte à supplice ; le négociantisme à Bordeaux, une physionomie triste, un sourire ailleurs. Vieux respects, propriétés, antiques droits, humanité, vous êtes des conspirations! sanglots étouffés, soupir et gémissements, vous êtes des signes de contre-Révolution.

Empruntons au Girondin Biouffe, prisonnier avec Vergniaud et madame Roland à la conciergerie, le tableau de quelques-unes des scènes dont il a été témoin :

« Les femmes les plus belles, les plus jeunes, les plus » intéressantes, tombaient pêle-mêle dans ce gouffre (l'Ab» baye, dont elles sortaient pour aller par douzaine inonder » l'échafaud de leur sang.

« On eût dit que le Gouvernement était dans les mains » de ces hommes dépravés qui, non contents d'insulter au » sexe par des goûts monstrueux, lui vouent encore une » haine implacable; de jeunes femmes enceintes, d'autres » qui venaient d'accoucher et qui étaient encore dans cet » état de faiblesse et de pâleur qui suit ce grand travail de » la nature, qui serait respecté par les peuples les plus sau» vages; d'autres dont le lait s'était arrêté tout-à-coup ou » par frayeur, ou parce qu'on avait arraché leurs enfants » de leur sein, étaient jour et nuit précipitées dans cet » abîme. Elles arrivaient traînées de cachots en cachots,

» leurs faibles mains comprimées dans d'indignes fers : on » en a vu qui avaient un collier au cou. Elles étaient les » unes évanouies et portées dans les bras de guichetiers » qui en riaient, d'autres en état de stupéfaction qui les » rendaient comme imbéciles ; vers les derniers mois sur- » tout (avant le 9 thermidor), c'était l'activité des enfers ; » jour et nuit les verrous s'agitaient ; soixante personnes » arrivaient le soir pour aller à l'échafaud ; le lendemain » elles étaient remplacées par cent autres, que le même » sort attendait le jour suivant....

« Quatorze jeunes filles de Verdun, d'une candeur sans » exemple, et qui avaient l'air de jeunes filles parées pour » une fête publique, furent menées ensemble à l'échafaud. » Elles disparurent tout-à-coup, et furent moissonnées dans » leur printemps ; la cour des femmes avait l'air, le lende- » main de leur mort, d'un parterre dégarni de ses fleurs » par un orage. Je n'ai jamais vu parmi nous de désespoir » pareil à celui qu'excita cette barbarie.

» Vingt femmes du Poitou, pauvres paysannes pour la » plupart, furent également assassinées ensemble : je les » vois encore, ces malheureuses victimes, je les vois éten- » dues dans la cour de la conciergerie, accablées de la fati- » gue d'une longue route, et dormant sur le pavé au moment » d'aller au supplice. On arrache du sein d'une de ces in- » fortunées un enfant qu'elle nourrissait, et qui, au moment » même, s'abreuvait d'un lait dont le bourreau allait tarir » la source : ô cris de la douleur maternelle, que vous fûtes » aigus, mais sans effet !... Quelques femmes sont mortes

» dans la charrette, et on a guillotiné leurs cadavres. N'ai-je
» pas vu, peu de jours avant le 9 thermidor, d'autres femmes
» traînées à la mort ; elles s'étaient déclarées enceintes...
» Et ce sont des hommes, des Français, à qui leurs philoso-
» phes les plus éloquents prêchent depuis soixante années
» l'humanité et la tolérance !...

« ...Déjà un aqueduc immense, qui devait voiturer du
» sang, avait été creusé à la place Saint-Antoine. Disons-le,
» quelque horrible qu'il soit de le dire, tous les jours le
» sang humain se puisait par seaux, et quatre hommes
» étaient occupés, au moment de l'exécution, à les vider
» dans cet aqueduc.

« C'était vers trois heures après midi que ces longues
» processions de victimes descendaient au tribunal, et tra-
» versaient lentement sous de longues voûtes, au milieu
» des prisonniers qui se rangaient en haies pour les voir
» passer avec une avidité sans pareille. J'ai vu quarante-
» cinq magistrats du Parlement de Paris, trente-trois du
» Parlement de Toulouse, allant à la mort du même air
» qu'ils marchaient autrefois aux cérémonies publiques ;
» j'ai vu trente fermiers-généraux passer d'un pas calme et
» ferme ; les vingt-cinq premiers négociants de Sedan, plai-
» gnant, en allant à la mort, dix mille ouvriers qu'ils lais-
» saient sans pain. J'ai vu ce Baysser, l'effroi des rebelles
» de la Vendée, et le plus bel homme de guerre qu'eût la
» France ; j'ai vu tous ces généraux que la victoire venait
» de couvrir de lauriers qu'on changeait soudain en cyprès ;
» enfin tous ces jeunes militaires si forts, si vigoureux...

» Ils marchaient silencieusement,... ils ne savaient que » mourir.

Prud'homme va compléter ce tableau :

« La mission de Le Bon, dans les départements frontières » du Nord, peut être comparée à l'apparition de ces noires » furies, si redoutées dans les temps du paganisme....

« Dans les jours de fêtes, l'orchestre était placé à côté de » l'échafaud. Le Bon disait aux jeunes filles qui s'y trou- » vaient : Suivez la voix de la nature, livrez-vous, abandon- » nez-vous dans les bras de vos amants....

« Des enfants qu'il avait corrompus lui formaient une » garde et étaient les espions de leurs parents. Quelques- » uns avaient de petites guillotines avec lesquelles ils s'a- » musaient à donner la mort à des oiseaux et à des souris.» » On sait que Le Bon, après avoir abusé d'une femme qui » s'était livrée à lui pour sauver son mari, fit mourir cet » homme sous les yeux de cette femme, à laquelle il ne » resta que l'horreur de son sacrifice ; genre d'atrocités si » répétées d'ailleurs, que Prud'homme dit qu'on ne les sau- » rait compter.

« Carrier se distingua à Nantes : » Environ quatre-vingts » femmes extraites de l'entrepôt, traduites à ce champ de » carnage, y furent fusillées ; ensuite on les dépouilla, et » leurs corps restèrent épars pendant trois jours. »

« Cinq cents enfants des deux sexes, dont les plus âgés » avaient quatorze ans, sont conduits au même endroit » pour y être fusillés. Jamais spectacle ne fut plus attendrissant et plus effroyable. La petitesse de leur taille en » met plusieurs à l'abri des coups de feu, ils délient leurs » liens, s'éparpillent jusque dans les bataillons de leurs » bourreaux, cherchent un refuge entre leurs jambes, qu'ils » embrassent fortement, en levant vers eux leur visage où » se peignent à la fois l'innocence et l'effroi. Rien ne fait » impression sur ces exterminateurs, il les égorgent à leurs » pieds. »

Noyades à Nantes :

» Une quantité de femmes, la plupart enceintes, et » d'autres pressant leur nourrisson sur leur sein, sont menées à bord des gabares...... Les innocentes caresses, le » sourire de ces tendres victimes versent dans l'âme de ces » mères éplorées un sentiment qui achève de déchirer leurs » entrailles; elles répondent avec vivacité à leurs tendres » caresses, en songeant que c'est pour la dernière fois!!! » Une d'elles venait d'accoucher sur la grève, les bourreaux » lui donnent à peine le temps de terminer ce grand travail; ils avancent; toutes sont amoncelées dans la gabare, » et, après les avoir dépouillées à nu, on leur attache les » mains derrière le dos. Les cris les plus aigus, les reproches les plus amers de ces malheureuses mères se font » entendre de toutes parts contre les bourreaux; Fouquet, » Robin et Lamberty y répondaient à coups de sabre, et » la timide beauté, déjà assez occupée à cacher sa nudité

» aux monstres qui l'outragent, détourne, en frémissant, ses » regards de sa compagne défigurée par le sang, et qui » déjà chancelante vient rendre le dernier soupir à ses » pieds. Mais le signal est donné ; les charpentiers d'un » coup de hache lèvent les sabords, et l'onde les ensevelit » pour jamais. »

Somme toute, sous le règne seul de la Convention et de comités révolutionnaires, c'est-à-dire, en moins de trois ans du Gouvernement républicain, les proscriptions, les guerres intestines, les fusillades, les mitraillades, les noyades, les échafauds ont fait périr en France, savoir :

Hommes, femmes, enfants..	989,000
Dans les colonies...	188,400
Français morts aux armées	850,000
Dans la Vendée entre Français...	202,000
Individus suicidés, pendus, noyés, etc., par suite du système de la terreur...	8,191
Femmes mortes de couches prématurées... .	3,402
Morts par la famine..	20,090
Morts de maladies dans les prisons...	3,200
Par les démolitions...	70
Devenus fous par la Révolution..	1,550
TOTAL	2,266,719

Nous ne parlons pas de la République, du Directoire, qui coûta à la France plus de 700 mille vies perdues sur les champs de bataille où les levées en masse traînaient les populations, dans l'intérêt d'une démagogie furieuse qui voulait à tout prix implanter dans toute l'Europe ses sanglantes utopies.

Un autre écrivain complète le tableau en ces termes :

« Point de douleur éclatante, tout est glacé d'horreur ; » point de retour sur soi-même et sur sa famille, tout est à » la Révolution ; point de pitié pour la jeunesse et l'inno- » cence, tout est nécessaire ; il faut que le sang coule, que » les villes tombent, que la Nation diminue ; il faut que le » brigand aguerri et le pauvre oisif, bruts et féroces, met- » tent la France à leur portée. Je n'entends qu'un cri, la » Révolution ira. Eh quoi ! tant de villes sans communica- » tions, tant de bouches sans murmures, tant de popula- » tions sans mouvements ! La terreur comprime tout, la » terreur isole tout.

» Quel silence ! La Nation entière est aux écoutes. Quel- » ques journaux disent froidement les décrets du jour et le » nombre des morts.......

» Tout Français est soumis, rampant, fidèle ; et tout Fran- » çais est suspect ; on parle, on s'examine à la dérobée, » on se reconnaît pour s'éviter ; quand on marche au sup- » plice, il n'y a qu'une ancienne réputation ou quelque rôle » dans la Révolution qui vous attire un regard, un mot, un » applaudissement féroce, et le spectacle du lendemain vous » efface à jamais. Accoutumé à voir tomber, massacrer, » exhumer les idoles, le peuple les suit à l'échafaud avec » le sentiment révolutionnaire. La substance est assurée à

» la foule qui entoure le char, et à la multitude qui combat » aux frontières ; sur tout le reste, les pâleurs de la faim » et les ombres de la mort. On ne compte qu'avec la Révo- » lution ; c'est elle qui nourrit et dévore, qui enlève et » renverse, qui produit et détruit..... L'or n'achette plus la » vie, et ne saurait payer la fuite ; et cependant la corrup- » tion est dans le sein de la barbarie. Mais si tout se vend, » rien ne se garantit ; c'est toujours sauf la Révolution et la » guillotine : tel vient mourir après s'être racheté dix fois. » N'espère pas, citoyen timide, te réfugier parmi les bour- » reaux en promettant d'être un scélérat : il faut l'avoir » été. Ce ne sont pas des crimes à venir, mais des crimes » commis que l'on te demande ; car, la Révolution n'est pas » un froid tyran qui calcule les coups, c'est un tyran alarmé » qui n'épargne ni ses pourvoyeurs, ni ses satellites ; un » tyran enchaîné, qui ne peut s'arrêter qu'il ne tombe..... » Où fuir, où se cacher, à qui se confier ? ce n'est plus » comme au temps des Rois, où un exil vous recommandait » au public, où la disgrâce honorée trouvait partout un » asile. Mais ici, pas une retraite, pas un cœur, pas une » larme. Philosophie moderne, voilà ton ouvrage, tes » triomphes et tes orgies ! Sombre nuit descendue au nom » de la lumière, vaste tyrannie au nom de la liberté, pro- » fond délire au nom de la raison, sanglants outrages, » insultes recherchées, affronts inhumains, on ne saurait » vous peindre trop fidèlement pour être utile, ni trop vous » atténuer pour être cru. »

Mais au milieu de cet océan de crimes, en voici un qui domine tous les autres et apparaît dans cette longue nuit de fureurs et de désespoir, tel qu'un phare infernal. Essayons de jeter l'ancre un instant pour payer notre tribut au Christ de la royauté.

La Convention avait déployé tout le luxe militaire et toutes les magnificences de la mort. Sa fête triomphale à elle, c'était le supplice d'un Roi. Ce trophée d'un crime gigantesque, voilà son Capitole. Le descendant des Rois est le vaincu que l'on traîne au supplice ; c'est la dernière épreuve ; mais que ce combat est affreux ! Louis a toute sa sérénité, il est calme tel qu'aux jours de sa puissance ; il voulait bien mourir, mais en Roi.

Quand on voulut charger d'indignes liens ses mains qui avaient tenu le sceptre, le petit-fils de Louis XIV se relève, il repousse cette humiliation; mais aussitôt la Religion vient réprimer ce dernier reste d'un noble et royal orgueil. Dans cette longue lignée de ses aïeux, elle lui montre assez de Rois superbes entourés de tous les foudres de la victoire, de tous les insignes de la puissance ; puis, au-dessus des plus illustres, des vertus les plus sublimes, des gloires les plus éclatantes, elle lui présente le Roi du ciel et de la terre, sa patience, sa résignation en face du honteux gibet et des insultes de ses bourreaux. Alors, telle que son divin prédécesseur, la grande victime tend elle-même ses mains au bourreau, incline devant la mort ce front qui avait porté le diadême, en adressant à son peuple égaré une dernière parole de pardon et de bénédiction.

En ce moment suprême, alors que tous les regards étaient

fixés sur la passion du Christ politique, tout-à-coup s'élève un bruit sinistre qui couvre la voix de Louis. Ces milliers de tambours, substitués aux cloches chrétiennes, pour battre l'agonie d'un Roi, semblaient un glas des passions du siècle toutes réunies et mugissantes autour du lugubre échafaud. Mais en vain les tambours de Santerre, tels que la tempête, remplissent les airs de leurs affreux roulements, étouffent toutes les autres voix ; entre le ciel et la terre une voix prophétique retentissait au-dessus des passions, bien au-dessus de l'arrêt rendu par la folie du crime. C'était l'interprête du Ciel, le ministre de Dieu, le prophète de l'avenir, de l'avenir qui a recueilli et répété cette sublime parole: « Fils de saint Louis, montez au Ciel. »

Dans cette esquisse rapide des douleurs de la passion d'un Roi, nous avons passé le souvenir d'un monstre dont la bassesse, les débauches, les forfaits ont mérité l'opprobre de la postérité, comme les vertus de Louis en font l'admiration.

Honte et malédiction à toi, Philippe d'Orléans, qui, reniant ta noble origine, troquas ton nom pour celui d'Egalité ! Honte à toi qui eus le triste courage d'affirmer, dans une déclaration solennelle, que l'opinion puplique qui voulait que tu dusses le jour à un valet d'écurie était conforme à la vérité !

Malédiction à toi, Philippe d'Orléans, dont le vote contre ton bienfaiteur fit pâlir d'épouvante les Marat et les Robespierre !

Mais il faut que tu dépasses, par le crime, ce qui s'est présenté de plus horrible sur la terre! Peuples, écoutez l'histoire ; elle vous dira ce qui se passait à quelques pas de l'échafaud de Louis XVI, elle vous apprendra quel homme vint assister à ce spectacle, elle vous exposera comment Egalité fut aperçu fixant ses yeux sur l'instrument du supplice, et contemplant la tête de Louis que l'exécuteur montrait au peuple consterné ?

Mais le drame continue son cours ; ce n'est pas assez du sang de Louis XVI, la soif du crime ne fait que s'accroître, les péripéties de sang vont se multiplier non moins affreuses et non moins sanglantes.

Quelle est cette femme qui apparaît si belle, si grande de majesté ? Quelle est cette femme dont la vie fut ce qu'il y a de plus séduisant dans l'idolâtrie de la foule, dans les ovations de la gloire, et sur le front de laquelle se révèle cependant une lamentable histoire? Oh! des larmes pour cette princesse tombée du faîte dans la plus profonde amertume du malheur! Oh! des expiations pour cette reine captive, pour cette ombre plaintive! Ce ne fut rien que de voir le diadême tomber de son front ; ce ne fut rien que de voir ses jeunes prospérités effeuillées, la couronne de ses espérances se flétrir jusqu'à la dernière fleur ; mais ces hurlements d'une populace saisie d'un délire de fureur ; mais ces rêves de sang, ces insomnies du Temple, ces paroles de meurtre, ces calomnies infernales, ces têtes portées hideusement au haut des piques, le spectacle du crime offert comme un hommage à Marie Antoinette, cette princesse de Lamballe, ces gardes-du-corps assassinés pour leur dévoûment à la reine ; car alors sa faveur était un arrêt de mort.

Puis, ce cœur blessé dans sa dignité, déchiré dans ses plus vifs, ses plus impérieux sentiments, cette réputation outragée, son affection de mère mise à une horrible torture. Oh ! quelle misère, quel supplice sauraient égaler cet holocauste prolongé de ce qu'il y a de plus intime, de plus énergique dans le cri de la nature ! Quel tableau pourrait s'élever à la hauteur de votre destinée, reine infortunée ? Tombée de la pompe de Versailles dans cet abîme de toutes les douleurs, vous avez laissé la page la plus touchante de l'histoire. Oh ! des larmes pour vous ! Quel est le tigre qui pourrait vous en refuser ? S'il en est un, qu'il se cache et ne se présente pas devant nous. Notre indignation aurait peine à ne pas venger de son outrage vos mânes augustes.

A côté de la fille des Césars, voyez l'immortel sourire de cet ange, la vertueuse Elisabeth ! Voyez ce jeune prince, fleur flétrie par la captivité et les affreux traitements dont l'abreuvent ses geôliers !!!

Portez les yeux sur un autre horizon ; les Bourbons qui régnaient à Naples sont enveloppés dans l'infortune de leurs aînés ; le sang d'un Bourbon rougit les fossés de Vincennes. Le conquérant ravit encore la couronne aux Bourbons qui régnaient sur les Espagnes. Plus tard, le duc de Berry tomba sous le fer d'un assassin.

Au moment où nous écrivons ces lignes, à quelques

distance de nous, gémit dans l'exil et la captivité un autre Roi légitime ; car une révolution projette au loin son influence.

La couronne de Charles-Quint a été ravie à son véritable héritier. Charles V échappé une première fois à ses hôtes déloyaux, fort de son droit, dévoué à son peuple, en appelle à son épée. Sous sa bannière brillent, en même temps que le courage et l'héroïsme, l'ordre, la religion, les plus touchantes vertus ; pendant quatre ans, les palais de ce prince sont le champ de bataillle et la cabane ; ses festins coûtent trois francs par jour.

Puis, quels hommes que ceux auxquels il commande! Entre les deux grandes figures de Zumalacarréguy et de Cabrera qui ouvrent et ferment ce cortége d'un fabuleux héroïsme, apparaissent Craso, Garcia, Guergé, le comte d'Espagne, Balmaseda, les Catalans, les Aragonnais, les Basques, les Navarrais. Hélas! tant de dévoûment, de fierté, de résignation, de valeur, de fidélité, vient se perdre dans l'abîme de la trahison!

Mais cette couronne, source de tant de crimes, de larmes, de prostitutions, le Ciel a voulu qu'elle ne se posât sur le front de l'usurpatrice que pour le brûler et y imprimer flétrissure et malédiction.

Espartero a détrôné l'autorité de Christine. L'Espagne n'est plus qu'une effroyable anarchie. Les places publiques rougissent tour-à-tour sous le sang des exaltés et des modérés. Tel est le sort des Révolutions. Ce sont des torrents furieux qui renversent tout, amis et ennemis; et comme disait l'éloquent Vergniaud, au pied de l'échafaud : « Les » Révolutions sont comme Saturne, elles dévorent leurs » propres enfants. »

En regard de ces affreuses saturnales brillent la sérénité, la digne attitude, la confiance dans les décrets de Dieu du Roi prisonnier. Il est des fers qui sont préférables au diadême. Charles, dans sa maison enfumée de Bourges, avec la poésie de quatre ans de combat, avec ses malheurs, le courage qu'il leur oppose, aura une page plus éclatante dans l'histoire, que Charles heureux régnant au somptueux palais de l'Escurial.

En reportant les regards de l'autre côté du détroit, Cromwel apparaît comme le sinistre levier de la Révolution. Il y a, dans cet homme, de Louis XI, de Robespierre, de Bonaparte. Egal au premier en profondeur, avec une trempe plus vigoureuse, de même que le second, il ne recule jamais devant un crime; mais il ne va pas au-delà de ce qui est nécessaire, il ne se délecte pas dans le sang, il ne fait de la terreur que dans les bornes utiles à son ambition, il ne s'y précipite pas aveuglément sans motif. Son génie se montre presque au niveau de celui de Bonaparte, mais il n'en a ni l'éclat, ni l'universalité. La vie du protecteur est toute enfermée dans son île ; le passage de Bonaparte est gravé d'un bout de la terre à l'autre en traits éternels; le dernier Arabe du désert, comme le plus obscur paysan de l'Europe se signent à ce grand nom.

Bien des rapprochements ont été faits sur la fatalité qui a enveloppé d'une même infortune les Stuarts et les Bourbons. Les écrivains qui, en mettant en parallèle ces grandes infortunes, les ont fait dériver des mêmes causes pour produire les mêmes résultats, sont tous partis d'un point de vue faux.

Dans un tableau rapide des événements de ces deux histoires, essayons de dégager cette différence, tout en faisant ressortir les points de contact des deux dynasties.

Aux deux époques, une fièvre d'indépendance galvanisait les esprits. Le protestantisme transforma l'indépendance religieuse en indépendance politique.

En France, le philosophisme mina la Monarchie en renversant l'édifice religieux. Bientôt les Rois n'apparurent plus que comme les représentants des peuples ; la royauté ne fut plus un saint, un inviolable pontificat.

Mais entre les deux Monarques décapités se présente, au seuil de la route, une remarquable différence.

Tout dominé de l'idée de son droit préexistant et supérieur aux institutions avec lesquelles il entre en lutte, ce fut pour s'être raidi contre le mouvement du siècle, pour avoir voulu vieillir son temps, que Charles perdit sa couronne.

Louis XVI, au contraire, poussa la déférence, les concessions, jusques à l'abdication de lui-même. Nul prince n'a fait autant pour la liberté. Le cri populaire plana, durant tout le cours de sa puissance, au-dessus du sentiment de son droit. Ce prince, si fort devant l'adversité, si haut devant la mort, ne fut devant les factions qu'un timide agneau. Sa bonté, au lieu de les désarmer, ne fit qu'accroître leurs violences.

Ainsi, dans un Gouvernement où les libertés publiques avaient de vieilles racines, le Roi anglais eut le tort de vouloir les dissoudre sous sa prérogative. Dans une Monarchie absolue, le Roi de France faisant de ses priviléges un holocauste à la Nation, l'installait dans le partage du pouvoir.

Cette première différence communique son impulsion à tous les événements des deux règnes.

La prétention de régner sans contestation, que son pouvoir est dans une région inaccessible à la controverse, qu'il était obligé envers Dieu et ses descendants de ne laisser détacher la plus petite parcelle de son autorité, cette pensée du droit divin écrit sur son front royal poursuit Charles, est l'âme de toutes ses démarches, lui fait tourner le dos à tout ce qui pourrait être le salut hors de cette voie, le fait appeler à son épée du déni qui lui était fait, troquant le rôle de politique pour celui de chevalier; aux voies constitutionnelles qui lui étaient ouvertes, il substitua les hasards du combat, puis finit le drame en Roi; il n'en démentit pas un seul instant la noble fierté devant ses juges comme sur l'échafaud.

Louis XVI accomplit seul ce qui eût suffi à la popularité de plusieurs règnes ; il abolit les corvées, améliora toutes les branches de l'administration, toutes les prérogatives de la couronne, il les délaisse au nom de la liberté, il va au-devant de toutes les réformes, dote la France de la représentation la plus complète qu'elle eut jamais eu. Puis, quand ainsi dépouillé, la Révolution vint le prendre dans son palais, loin de recourir aux armes, il les fait tomber des mains de ses plus fidèles serviteurs par ces mots, expression touchante de son cœur vertueux : « Ne versons pas de sang français.

Dans Charles, on sent plus le Roi ; dans Louis, le chrétien résigné à son martyre, plein de dédain pour la couronne périssable qu'il perd.

Entre Charles II et Louis XVIII qui ouvrent l'un et l'autre la Restauration dans les deux pays, il n'y eut rien d'analogue, à part cet oubli des services rendus, l'égoïsme, fonds commun de ces deux princes. Pendant que les têtes rondes étaient comblées d'honneurs et de richesses, les malheureux cavaliers qui avaient tout sacrifié à la cause des Stuarts languissaient dans la pauvreté. Ainsi il arriva pour les émigrés! Shaftesbury, flatteur de Cromwel, était à la tête du gouvernement de Charles II ; Fouché le régicide occupa aussi un des premiers postes sous Louis XVIII. Ce dernier amnistia les Royalistes qui l'avaient suivi dans son exil à Gand. Charles II ne songea pas à racheter ceux qui, du champ où ils avaient combattu pour la légitimité, étaient passés dans la servitude.

Louis XVIII, prince éclairé, comprit qu'après une Révolution si profonde, l'autorité suprême devait se modifier des idées passées dans la majorité des esprits. Il accepta la loi nouvelle en l'entant sur la majesté des antiques souvenirs. La clémence et la liberté devinrent le frontispice de la Charte de 1814.

La restauration des Stuarts fut violente, sans force, réactionnaire, sans grandeur, terrible dans ses vengeances, et pleine d'ingratitude pour les dévoûments. Elle allia toutes les inconséquences; à peine débarquée à Douvres, elle étala tous les vices, et son règne prélude et finit par des échafauds.

Bien loin de là, Louis XVIII et Charles X sacrifièrent tout à leurs ennemis. A tant d'injures, d'outrages, de persécutions, ils n'opposèrent que pardons et bienfaits répétés. Les libertés de la Nation grandissent et prennent des développements progressifs.

Jacques II fut un prince fanatique et sans entrailles, autant que Charles X fut généreux et loyal. Autant celui-ci était bon, clément, autant celui-là était dur et cruel. Comme Jacques II, Charles X n'avait pas assez compris l'étendue de la Révolution qui s'était accomplie. Près de lui murmurèrent quelques souvenirs, quelques rêveries du passé. Ces vagues bourdonnements de quelques serviteurs malhabiles inspirèrent des craintes à la Nation. Aussi, le bien que voulut faire ce malheureux prince fut-il empoisonné dans sa source, et considéré comme le masque trompeur de quelque arrière-pensée.

Aigri de cette injustice, il eut le malheur de se confier à des hommes fidèles, mais suspects au pays, et de prêter les mains, dans un moment de désespoir, à une mesure arbitraire. Il expie cette erreur de sa couronne et de la chute de sa dynastie.

Charles, le Bon-Roi, proclamé le Bien-Aimé, tombe devant une insurrection, et la France n'est pas mise en demeure de se prononcer. Une mesure libérale, juste, la liberté de conscience, détrône Jacques le catholique, après un règne de quatre années ravagées par l'arbitraire.

Une assemblée nationale, convoquée à cet effet, prononce sa déchéance et transporte la couronne à Marie, femme du prince d'Orange, au préjudice du prince de Galles, frère de la princesse. Au reste, la même faiblesse caractérise les deux princes. Des deux côtés incertitudes, tiraillements dans les volontés. Avec de la fermeté ou une conduite plus habile, Charles X eût rédimé sa couronne de l'ostracisme des funestes journées de Juillet; avec plus de fermeté, le roi Jacques ne fût pas tombé devant sa fille, ou plutôt devant son gendre Guillaume.

Ainsi sont tombées deux dynasties dissemblables par les caractères historiques, les types individuels. A travers la distance des siècles, on retrouve dans l'une et l'autre de ces fautes qui tournent comme une roue fatale, propriété de toutes les dynasties qui tombent. A l'heure solennelle des Révolutions, de même que la Providence semble susciter des hommes extraordinaires pour la fondation des Empires, de même quand un grand mouvement doit s'accomplir, quand une Nation doit périr, une dynastie être renversée, n'apparaissent que faiblesse et médiocrité. Partout de faibles noms qui n'ont aucune force à opposer au flot qui les emporte comme des brins d'herbe. Si la Providence a fait luire, au milieu de cet abâtardissement, quelques supériorités, quelques hommes forts, ils languissent loin de la scène, méconnus, persécutés souvent par ceux qu'ils auraient sauvés. Un homme de plus ou de moins, dans les affaires de ce monde, commande tout l'avenir, et change les destinées d'une Nation.

Les Stuarts survécurent peu à leur arrêt de proscription. La Nation, en la ratifiant, avait attaché l'éternité à leur exil. Le Gouvernement parlementaire, pratiqué dans sa vérité, devint l'anneau nuptial de la nouvelle dynastie. L'Angleterre vit sa puissance extérieure s'accroître, son industrie et son commerce se développer, l'agriculture faire des prodiges. La dynastie des Stuarts n'était, au surplus, qu'une plante exotique qui ne subsista que 85 ans.

Les Bourbons étaient aussi vieux que la Nation ; ils l'avaient dotée de tout ce qu'elle possède de libertés, de conquêtes, de territoire. Dans leur naufrage viennent s'engloutir la prospérité intérieure, le commerce, l'industrie, la plus sûre garantie de la liberté, et ce prestige de gloire qui appelait sur la France le respect des Rois, et la crainte des peuples rivaux.

CHAPITRE XVIII.

HENRI DE BOURBON.

Prince,

Arrivé au dernier terme d'une excursion, tribut à la grandeur du principe que vous représentez ; en adressant un dernier hommage à l'héritier de cette grande famille qui, pendant neuf siècles, dota la France d'une si brillante moisson de gloire et de prospérité : c'est un devoir de bon Français que nous croyons remplir. Si vous eussiez été établi dans l'exercice de la puissance à laquelle le droit de votre naissance vous appelait, notre voix n'eût pas été se mêler à celle des flatteurs. Car ils sont nombreux, ceux qui prodiguent alors leurs humbles protestations ; mais il est quelques âmes qui n'ont pas de paroles pour les pouvoirs heureux et dont toutes les sympathies ne connaissent que le droit et la religion du malheur. Peut-être pourrions-nous manifester la prétention d'être classé dans leur rang. Toujours est-il que l'expression de notre respect pour vous sera comme celle de nos pensées. Nous obéissons à un instinct du cœur, à une conviction : aucun mobile d'ambition, d'avenir ne nous conduit, nous n'attendons rien des faveurs de parti, et si jamais vous êtes le dispensateur de grâces, vous ne nous verrez pas accourir au nombre des importuns, des avides solliciteurs.

Voici, Prince, nos titres à la sincérité de l'hommage qui ira frapper à la porte de votre exil ; daignez l'agréer. Il a pour sanction un dévoûment qui a jeté au vent, pour l'acquit de sa dette, les avantages auxquels le monde attache le plus de prix, aussi bien que l'engagement que nous contractons pour l'avenir envers nos concitoyens.

Le principe gravé sur votre front brille en traits trop éclatants dans l'histoire, rien ne saurait l'effacer ; aucune théorie ne peut remplir le vide laissé par sa disparition. La France lui doit ses libertés et son territoire. Depuis Hugues Capet jusques à 1830, il n'est pas un Roi de France qui n'ait ajouté quelque province au grand édifice national ! Et naguère, alors que la colère du monde était mugissante, n'est-ce pas ce principe qui a réconcilié la France avec l'Europe, en devenant un gage de salut pour les Rois, ainsi que pour les peuples ?

Au-dehors, la légitimité fut une source de grandeur ; au dedans, elle réalisa mieux qu'aucune des formes qu'on a voulu lui substituer, le bien-être matériel, l'ordre et la liberté.

La raison de cela est dans une force morale qui manque aux autres systèmes.

Rien ne saurait suppléer à cette force qui a pour sanction l'autorité des siècles, ce qu'il y a de plus vénéré dans la loi, de plus auguste aux yeux des hommes; une origine pure affermie par une longue possession, la loi consolidée par le temps.

En vain la République et l'Empire ont-ils appelé à leur aide la force matérielle, l'habileté, tous les ressorts qui agissent avec le plus d'efficacité sur une nation. Talent, bonheur, habileté, tout a été inutile. Le glâive de la terreur s'est brisé dans les mains de l'une; l'épée de la victoire a échappé aux mains de l'autre.

Et malgré une accumulation de hasards propices, en dépit de toutes les prévisions, à l'heure marquée pour la réparation due aux principes, les choses sans principes ont disparu.

La République, avec ses prodigieux moyens de coërcitions, de violences, n'a pu vivre. Beaucoup voient la cause de sa chute dans la brutalité de ses excès. Oui, mais pourquoi était-elle entrée dans cette voie? Parce qu'il était dans sa nature d'agir ainsi, parce que c'était une loi à laquelle elle ne pouvait se soustraire. Ainsi la République a péri, parce qu'elle elle avait fait la terreur; elle avait fait la terreur, parce que la terreur lui était nécessaire, et la terreur lui était nécessaire, parce qu'elle n'avait pas pour garantie un principe d'ordre, de paix et de stabilité.

Dire, la République a péri, parce qu'elle était la terreur, ne prouve rien en faveur de la durée probable de la République engagée dans d'autres voies. Il faudrait prouver en même temps que la République pouvait être autre chose que la terreur. Or, qui prouvera cela? lorsque les républicains étaient les premiers à proclamer que la terreur était nécessaire, et que c'est précisément dans sa nécessité qu'ils cherchent son excuse.

Des considérations de même nature s'appliquent à la catastrophe de l'Empire.

On dit communément, l'Empire est tombé par suite de conquêtes. Avant d'admettre cette conclusion, d'où ne jaillit aucune lumière, il faudrait savoir si l'Empire pouvait se passer de conquêtes, et s'il n'était pas dans sa nature de périr par la guerre, comme il était dans celle de la République de périr par la terreur.

La légitimité seule était dans une position à n'être obligée de faire ni terreur, ni guerre. Elle était donc dans des conditions de durée qui avaient manqué à la République et à l'Empire, et cette heureuse situation lui était faite évidemment par son principe.

La légitimité dans son dernier passage, ne s'est soutenue quinze ans que par la force de son principe. Faussée dans son rétablissement, ébranlée par des fautes, des lois dangereuses, puis ensuite par une réaction trop prompte, elle fut placée dans un mauvais lit. Bien loin de là, il eût fallu la développer dans une double ligne parallèle de Monarchie et de liberté.

Sous le joug des doctrinaires, ces bâtards qui, après avoir renié les charges et les devoirs de la famille, sont venus s'en arroger exclusivement les avantages, ces déserteurs de tous les camps, la Restauration, dès son début, eut en suspicion ses vrais amis, aussi bien que la liberté. Pendant toute la durée de son existence, à travers les diverses phases qu'elle parcourut, elle manifesta envers le pays quelque symptôme de cette méfiance. Ce fut son tort et son malheur. La faute en est moins à elle qu'aux mauvais conseils. Auprès d'elle étaient les éléments de salut, elle les tint à l'écart. Enfin, au dernier moment, alors que des bruits soute rains, précurseurs de l'orage, se faisaient entendre, elle se confia à des hommes de probité , de dévoûment et d'honneur, mais qui se trompèrent de date sur leur temps et ses exigences.

Toujours est-il qu'aucun autre pouvoir n'a duré autant que la légitimité, aucun autre n'a imprimé dans le sol une trace plus prospère et plus glorieuse. Les peuples s'étaient attachés à elle comme à une ancre de paix et d'ordre. Dans les plus graves, dans les plus solennelles circonstances, elle ne trompa jamais leurs espérances et fut toujours au niveau de sa mission.

Prince, représentant du grand principe qui a édifié la Nation française, nos cœurs volent vers vous plus encore par la raison que par ce sentiment d'intérêt pour le malheur, de respect pour la gloire.

« L'expérience a répondu de sa voix puissante, disait » Benjamin Constant, que tout pouvoir nouveau se voit » condamné, fût-ce malgré lui, à être tyrannique, que ce » qu'il y a de mieux pour les peuples, c'est l'habitude anti» que appuyant le trône, et les lumières nouvelles présidant » aux institutions. »

Ces admirables paroles résument toute notre pensée, elles sont la devise inscrite sur notre bannière ; c'est le progrès greffé sur les glorieux souvenirs de la vieille France.

Noble alliance que n'ont cessé de préconiser les Châteaubriand, les Hyde-de-Neuville, les Fitz-James, les Dreux-Brézé, etc. Quels plus rudes adversaires du monopole, quels plus intrépides défenseurs des libertés publiques !

Telle est la vérité qui, auprès de tout homme de bonne foi, se dégage de toutes les prétentions de parti. Ajouter une voix de plus à celles qui l'ont proclamée, tel a été le but du livre que nous publions.

On ne saurait trop montrer la lumière aux esprits égarés pour les préserver du précipice. S'il ne nous est pas permis de faire tomber le bandeau qui le leur dérobe, au moins entré dans la lice, nous aurons offert à votre opinion le tribut de nos efforts et de notre bonne volonté.

En reportant les regards sur le duc de Bordeaux, en examinant toutes les lignes de cette vie si jeune d'années, mais si pleine d'événements, si expérimentée de la maturité du malheur : partout se révèle cette prédestination dont le signe se lit sur sa physionomie.

C'est au milieu des songes frissonnants de la mort, en face du cercueil où il va descendre, que le duc de Berry mourant prophétise la résurrection de sa race. Au temps marqué, le canon, ce glorieux hérault d'armes des Bourbons, présente à la France l'enfant du miracle. C'est l'aurore qui vient dissiper une nuit de calamités, d'affreux souvenirs. Partout éclatent les espérances, l'allégresse, l'enthousiasme. Les nations étrangères s'émeuvent. Ce n'est plus l'enfant d'un peuple qu'on voit en lui, c'est l'enfant de l'Europe, proclamé tel par le nonce du Pape, et auquel se rattache l'avenir du monde.

Puis, au moment où l'appareil des grandeurs vient frapper les yeux de l'enfant, alors que la flatterie s'apprête à se glisser sous ses pas, par un de ces coups marqués dans les décrets de la Providence qui confondent les calculs des hommes et ne sont que la clé d'événements dont elle a seule le secret, celui qui était le symbole de si gracieuses espérances, l'héritier de tant de gloire, la garantie de tous les droits, disparaît dans la tourmente.

Henri de Bourbon, c'est le descendant de 36 Rois de France, le dernier rejeton d'une famille qui a donné à l'Europe des Empereurs, des Rois, a produit cent vingt Souverains, d'une famille à laquelle nous devons mille ans de gloire, les conquêtes des arts, nos monuments, est chassé du pays formé pièce à pièce par l'épée de ses aïeux, où tout atteste leurs bienfaits et les trophées de leur puissance.

O dérision des choses de la terre ! ô injustice des hommes ! Cet enfant, objet de tant de rigueurs, n'a fait aucun mal, et on est à se demander qui l'accuse le plus auprès de ses persécuteurs, son innocence, ou la gloire de sa famille ?

Son innocence a toutes les grâces de l'enfance, tous les droits, tout l'intérêt du malheur; sa bouche n'a bégayé encore que des paroles où se révèle, avec la bonté de sa race, la précoce intelligence qui prophétise les grandes destinées.

Puis, entre l'orphelin et le trône, il est une place vide. Voyez ses yeux se mouiller de larmes, cherchant un père qui n'est plus là pour le protéger et l'éclairer de son expérience, des inspirations de son grand cœur.

A côté de cette suave image d'enfant, voyez tous ces rayons de gloire qui viennent former un cercle plus éclatant, plus beau qu'un diadême de Roi. Quelles illustrations viennent déverser sur vous la longue lignée dont vous descendez! Quelle galerie que celle qui commence à Hugues Capet pour se perpétuer par vous!

Hugues-Capet prit la couronne de France nue et dépouillée; il commence cette grande œuvre de la nationalité française, et lègue pour testament à ses successeurs le soin de la continuer.

C'est aux Bourbons que la France doit son vaste territoire et ses limites.

L'histoire à la main, développons cette vérité.

Lors de l'avénement de Hugues-Capet, le royaume de France était confiné dans les étroites limites de partie l'Ile-de-France, de la Picardie, de l'Orléannais. Le Monarque élu y apporta ses domaines, et Paris, cette puissante capitale, fut son don de joyeux avènement.

Depuis ce règne ont été réunis à la couronne:

Le Berry, par Philippe Ier.

La Touraine et la Normandie, par Philippe-Auguste.

Le Languedoc, par Philippe III dit le Hardi.

La Champagne et le Lyonnais, par Philippe-le-Bel.

Le Dauphiné, par Philippe VI dit de Valois.

Une partie de la Bourgogne, par Jean dit le Bon.

Le Poitou, la Saintonge et le Limousin, par Charles V.

Le pays d'Aunis, par Charles VI.

La Guyenne et une partie de la Gascogne, par Charles VII.

La Bourgogne, la Provence et le Maine, par Louis XI.

L'Auvergne, le Bourbonnais et la Bretagne, par François Ier.

Une partie de la Lorraine, par Henri II.

Le Comté-de-Foix, le Béarn, la Navarre et le reste de la Gascogne, par Henri IV.

L'Artois, le Roussillon, la Martinique et la Guadeloupe, par Louis XIII.

La Franche-Comté, l'Alsace, le Nivernais, la Flandre et l'Ile-Bourbon, par Louis XIV.

Le reste de la Lorraine, par Louis XV.

Alger, par Charles X.

Si de ce tableau guerrier nous portons les yeux sur le champ de la civilisation, nous sommes éblouis de cette immense famille de grands hommes en tout genre, éclos sous l'action protectrice et féconde de nos Rois.

Cet horizon du passé nous apparaît tout éclairé d'étoiles brillantes sur lesquelles restent attachés les regards de la postérité.

Voyez comme écrivains :

Les Fénélon, les Bossuet, les Massillon, les Bourdaloue, les Fléchier, les La Fontaine, les Boileau, les Corneille, les Molière, les Racine, les Rousseau, les Labruyère, les Montesquieu, les La Rochefoucauld, les Pascal, les Rollin, les Crébillon, les D'Aguesseau, les Descarres, les Fontenelle, les Chapelle, les Dacier, les Destouches, les Cassini, les Daniel, les Anselme, les Ducange, les Bayle, les Deshoullières, les Sévigné, les Balzac, les Santeuil, les Scaron, les Voiture, etc. etc.

Comme magistrats :

Les Seguier, les Molé, les Harlai, les Flotte, les Anjorrant, les Lamoignon, les D'Aguesseau, les Malesherbes, les L'Hôpital.

Comme ministres :

Les Suger, les Colbert, les Louvois, etc

Comme militaires :

Les Condé, les Turenne, les Fabert, les Catinat, les Luxembourg, les Biron, les Villard, les Vauban, les Barwichk, les Vendôme, les Latremouille, les Montmorency, les Châtillon, les Richemont, les D'Alençon, les D'Aubusson, les La Feuillade, les Rohan, les Bayard, les Lahire, les Xaintrailles, les Clisson, les Duguesclin, etc., etc..

Dans la marine :

Les Tourville, les Duguay-Trouin, les Jean-Bart, les D'Estaing, etc.

Nous avons dit aussi précédemment tout ce qu'ils ont fait pour la liberté.

C'était là une noble garantie de votre avenir, duc de Bordeaux, que ces souvenirs glorieux écrits dans les fastes de votre famille, que cette galerie de grands hommes dont elle a doté la France. Trois jours ont suffi pour vous arracher à la brillante destinée qu'ils vous avaient léguée, pour changer en naufrage la puissance qui fut cimentée par tant de siécles. Le noble jeune homme, le fils de tant de Rois ne peut pas même venir prier sur la tombe de son père ! bien plus, on a poussé la barbarie, l'ingratitude, jusques à disputer quelques toises de terre pour l'élévation d'un monument funèbre à l'infortuné duc de Berry ! oui, quelques toises de terre au descendant des Monarques qui ont conquis pour nous des provinces et des royaumes.

Mais ces vicissitudes, prince, ont fait monter votre intelligence à des degrés inaccessibles à la prospérité, et votre nature déjà si riche, grandie par l'adversité, développée par l'éducation, les livres théorie de la société, les voyages qui en sont la pratique, a reçu tous les enseignements, s'est fortifiée des leçons du passé, des méditations de la solitude, de l'étude de la nature vivante.

Que de choses se sont trouvées sur votre chemin! que de tableaux divers pour votre esprit, que d'impressions pour votre cœur! Quel est le prince auquel il a été donné de fouiller autant de civilisations, de voir les choses à nu, sans les voiles et le fard de la flatterie?

C'est d'abord l'Angleterre qui étale aux yeux d'Henri de Bourbon les merveilles de son industrie, et lui révèle le secret de sa puissance dans l'habileté de son gouvernement, le soin de sa marine et le mécanisme parlementaire.

A côté de ce mouvement industriel et commercial, l'Ecosse vient présenter, avec ses populations agricoles aux mœurs antiques et pures, les merveilles de l'agriculture. Les malheurs des Stuarts gravés sur les sombres murailles d'Holirood sont comme les pages d'airain de leur funeste histoire. En les méditant, le jeune prince a appris qu'un Roi devait être l'expression la plus parfaite des instincts nationaux et de l'intelligence de son époque.

Puis, c'est la Hollande si forte par son active industrie, si heureuse de son esprit d'ordre, de sa fidélité à la dynastie d'Orange ; car elle n'a pas oublié que c'est à Guillaume d'Orange son statouder, qu'elle doit la conservation de sa nationalité.

Henri a vu l'Allemagne, cette mosaïque formée de tant de nationalités diverses. Là, il a trouvé les derniers vestiges de l'anci en monde, et nonobstant le sommeil de tranquillité dont jouissent ces contrées, il a compris qu'avec le caractère de mansuétude, de bienveillante bonté de leurs princes, un Roi de France assis sur les idées nouvelles aurait une puissance civilisatrice et guerrière qui ne se trouve plus dans les débris du passé.

Mais comment suivre le prince à Rome, cette niobée des nations, ruine et trophée de gloire, trône et tombeau des empires? Cette glorieuse tâche ne nous appartient pas. Empruntons ce magnifique tableau à une des plumes les plus riches de notre époque, celle de M. Alfred Nettement, parée de la double gloire de l'écrivain et du publiciste :

« Henri de Bourbon rencontre d'abord sur ses pas Vérone, la ville des congrès, où, sous le beau ministère de M. de Villèle, la Restauration, représentée par un Montmorency et un Châteaubriand, tint un langage si digne et si fier, que l'Europe échappée à l'épée de Napoléon, crut revoir dans les mains de la France le sceptre de Louis XIV. Puis, fidèle au souvenir de la patrie, Henri de Bourbon s'arrête sur un de ces nombreux champs de bataille consacrés par nos armes victorieuses. L'exilé a imaginé un nouveau et ingénieux moyen d'échapper à cette loi de bannissement qui lui ferme depuis dix ans le royaume de ses aïeux. Il visite la France sur le terrain de ses victoires. Et qui oserait dire que vous n'êtes pas terre française, glorieux champs d'Austerlitz, d'Iéna et de Marengo, abreuvés du sang de nos enfants, et où respire encore la mémoire de nos triomphes?

» L'Italie du nord s'est déroulée devant Henri de Bourbon avec Milan, sa pompeuse capitale, et cette cathédrale consacrée encore par la présence de saint Charles Borromée. Par un illustre privilége qui n'appartient qu'à la maison de France, il retrouve en Italie, et sur les bords du Pô et de l'Adige, la grande figure de Charlemagne, qu'il avait trouvée de l'autre côté du Rhin, car dans les époques décisives, la France, s'élargissant par l'influence de sa civilisation ou par la force de sa longue épée, devient le cadre de l'Europe entière, et l'on dirait qu'il est si naturel à nos Monarques d'être les modérateurs de l'Europe, que les couronnes qu'ils ne portent pas, ils les ont toutes essayées, depuis le diadême des Césars et la couronne de fer d'Italie, qui tinrent à l'aise sur le vaste front de Charlemagne, jusqu'à la couronne d'Angleterre, qui brilla un moment sur le front du fils de Philippe-Auguste et du père de notre Saint-Louis.

» C'est après avoir traversé ces vives et graves émotions que, l'intelligence toute pleine des méditations que tant de tableaux imposants ont fait naître dans son âme, Henri de Bourbon, descendant d'une dynastie de 800 ans, va frapper à la porte de la ville éternelle.

» Qui nous dira les pensées qui s'élèvent dans cette intelligence déjà si fière et si noble, aujourd'hui qu'elle se trouve face à face avec cette grande ville de Rome, toute resplendissante de ses mille gloires? Ces lieux qui parlent un langage si éloquent, même aux voyageurs indifférents ou aux oisifs, quel langage ne parlent-ils point à cet étranger voyageur pour qui les souvenirs des saints et des victorieux sont des souvenirs de famille. Rome, quand celui qui entre aujourd'hui dans vos murailles, naquit, vous l'appelâtes : l'*enfant de l'Europe*. L'enfant de l'Europe, après avoir parcouru la vaste patrie que vous ajoutiez, par cette belle parole, à sa patrie première, vient aujourd'hui méditer sur sa destinée au milieu des tombeaux de vos Césars et sur ce pompeux Capitole d'où partirent les conquérants de l'univers.

» Il s'est trouvé dans le monde de singuliers esprits qui se sont demandé : Qui donc présenterait Henri de Bourbon au souverain Pontife, puisqu'il arrivait seul, et si le fils des Monarques très chrétiens serait reçu par le chef de la chrétienté? Rassurons ces esprits timides, apprenons à ces calomniateurs de la Rome papale qu'Henri de Bourbon n'avait pas besoin d'introducteurs vulgaires pour entrer dans le palais du Vatican. Il avait, pour remplacer les passe-ports qui lui manquaient, deux illustres mémoires; et comment les portes du palais du successeur de saint Pierre ne se seraient-elles pas ouvertes devant celui qui se présentait entre les deux grandes figures de Charlemagne et de saint Louis? Henri de Bourbon a donc trouvé à Rome l'accueil qu'il a rencontré dans toute l'Europe. Qu'importe que le rejeton de la race de gloire, arrive seul et sans suite ? N'a-t-il pas derrière lui, partout où il se présente, l'illustre cortége des Rois ses aïeux? Qu'importent la simplicité de son costume et la modestie de son équipage? La gloire de Louis XIV marche comme un hérault devant l'exil de son petit-fils, et les grandeurs de la maison de Bourbon, venant se concentrer sur la jeune tête de leur dernier représentant, obligent tout regard humain à se baisser devant les immortelles splendeurs de vint régnes victorieux.

» Ici cette grande et magnifique éducation de l'exil et de l'adversité que nous avons suivie dans tous ses développements, se résume et s'achève. Il n'est donné qu'à l'œil de Dieu de suivre les sublimes mouvements qui s'opèrent dans ce cœur et dans cet esprit, de pénétrer les idées qui s'agitent, d'apprécier les sentiments qui germent et se développent, tandis que, suspendu entre le passé qu'il laisse derrière lui et l'avenir qui l'attend, le petit-fils de Louis XIV se recueille au milieu de la ville éternelle. Pour combien compterez-vous les journées de ce mois passé à Rome par ce visiteur de 20 ans? Que se passe-t-il dans ce merveilleux dialogue où, placé entre le génie de la France et le génie de Rome, Henri de Bourbon sent descendre sur son jeune front les ombres de tant de majestueux débris, et monter vers lui les voix de tant de grands tombeaux? Mystérieux épanchements, méditations puissantes, qui nous révèlera vos secrètes influences sur cette nature vierge encore et sur ce génie neuf et primitif? Qui nous dira les émotions que la cité-reine verse dans l'âme du fils des Rois, lorsque, environné des ombres des Césars, et César lui-même par sa naissance, son regard, après avoir traversé toute une mer de gloire, demande aux ombres de l'avenir le secret de sa destinée?

» Quel spectateur pour ce grand spectacle, et quel spectacle pour ce grand spectateur! Du haut du Capitole, dont les degrés ont été successivement foulés par tous ces pieds vigoureux qui ont laissé leur trace dans l'histoire, le petit-fils de Louis XIV voit deux Romes se présenter à ses yeux. La première marche couronnée de la mémoire de ses consuls et des lauriers de ses empereurs. Elle accomplit tout ce qu'on peut accomplir par l'habileté de la politique et par la force des armes. Un long cortége de généraux victorieux, de triomphateurs, de grands hommes d'état, de magistrats illustres, les Paul-Emile, les Scipion, les César, les Caton, les Pompée, les Marc-Aurèle, les Titus, passent en conduisant leur siècle devant l'héritier de la race de gloire, et le laissent comme enveloppé dans une atmosphère de victoires et de vertus. Puis la seconde Rome s'avance en portant, non plus seulement l'épée qui ouvre les portes du monde, mais les clés pacifiques qui ouvrent les portes de l'éternité.

» La Rome papale se lève en face de la Rome impériale; la Rome chrétienne en face de la Rome païenne; en face de la Rome du passé, la Rome du présent et de l'avenir, couronnée des vertus de ses saints, purifiée par le sang de ses confesseurs et de ses martyrs, envoyant ses apôtres dans des contrées inconnues aux soldats de l'ancienne Rome, et étendant plus loin ses mains chargées de bénédictions, que celle-ci n'étendait son bras armé d'une épée. A côté de cette Rome chrétienne, Henri de Bourbon voit toujours marcher l'illustre maison de France, comme le champion armé du Christianisme, comme le soldat de Dieu. Il reconnaît que, dans la nouvelle histoire du monde, Rome est le conseil, et la France l'action. Dans le passé de cette histoire, il aperçoit Charlemagne et Saint-Louis, et dans l'avenir il voit une place vide aussi belle et aussi grande que celle qu'ils occupèrent, car la France, cette conductrice des peuples, n'attend, pour marcher dans les grandes voies de l'avenir, que des mains capables de la conduire, et le monde n'attend que le signal de la France pour se remettre en mouvement.

» Dans cette grande et solennelle méditation, qui, du faîte du Capitole romain, ne s'enfonce si profondément dans le passé que pour se précipiter par un élan plus vigoureux vers l'avenir, comme toutes les ombres s'effacent, comme tous les détours de la route disparaissent, comme toutes les incertitudes se dissipent, comme on aperçoit de haut et de loin les destinées du monde! Petit-fils de Louis XIV, nous concevons les tressaillements de votre cœur et les joies de votre pensée. Lorsque, du faîte de ce rocher historique qui s'élève au sein de Rome, vos yeux ont cherché à l'horizon, parmi toutes ces têtes de peuples, celle qui s'élevait la plus haute et la plus fière, vous avez reconnu celle de la Nation que conduisirent vos aïeux!

» Lorsque vous avez cherché dans l'avenir l'instrument de la civilisation et le moteur des grands événements, de toutes les vigies de l'Europe, des voix lointaines arrivant à votre oreille, ont prononcé le même nom, et, tous les autres objets disparaissant, toutes les plaines se courbant entre ces deux illustres promontoires, l'Italie et la Gaule, on n'a plus vu aux deux bouts de l'horizon que le fils de Louis XIV sur les glorieuses hauteurs du Capitole, et la France attendant le signal de Dieu pour monter les degrés du trône qui appartient à la reine de l'univers civilisé. »

Celui qui a développé les plus heureuses qualités par des leçons aussi variées qu'éloquentes ; qui, à la place des pompes et des mensonges dorés de la flatterie, a vu la réalité à travers l'apprentissage d'une vie à l'école de l'adversité; qui, au fardeau de tant de gloire, héritage transmis par ses ancêtres, ajoute toutes les espérances d'un grand prince; le jeune homme de vingt-un ans qui éblouit les lieux de son passage tous ceux qui le voient, du prestige de son mérite, a une grande place dans les mystères de l'avenir.

Descendant des héros, à vous nos hommages, à vous l'élan de nos cœurs: leur vénération pure s'adresse à votre infortune qui ne sert qu'à rendre plus éclatante la gloire écrite par les siècles sur votre front. Nous les voyons rayonner sur votre front, les siècles, et on n'efface pas, on ne tue pas les siècles. A vous donc l'avenir, à vous de grandes destinées ! L'infortune dont vous avez parcouru tous les degrés, en déchirant le bandeau qui dissimule le prince, vous a montré à tous les regards comme le noble vrai et pur descendant d'Henri IV et, pour parler le beau langage d'un jeune poète :

. . . . Le panache
Légué par Henri-Quatre est blanc comme autrefois.

Et malgré ses revers, votre écusson sans tache
Est toujours le premier dans le blason des Rois.

A vous son courage, sa grâce, sa générosité! à vous aussi, comme à lui, les injustices, le malheur!

Il est une sublime prière faite par un de nos plus illustres prélats, pour un prince de votre famille, alors qu'un Philippe d'Orléans était régent du royaume :

« Grand Dieu! c'est vous seul qui donnez les bons Rois » aux peuples, et c'est le plus grand don que vous puissiez » faire à la terre. Vous tenez encore entre vos mains l'en» fant auguste que vous destinez à la Monarchie............. » C'est la puissance de votre bras qui nous l'a conservé; » que ce soit elle qui nous le forme et nous le prépare : il » est, comme Moïse, l'enfant sauvé des funérailles de toute » sa race; qu'il soit comme lui le sauveur et le libérateur » de son peuple..., et que le premier prodige qui l'a retiré » du sein de la mort soit pour nous le présage assuré de » ceux que vous nous faites espérer sous son empire.

» Déjà, si notre tendresse ne nous séduit pas, si une » enfance cultivée par tant de soins et par des mains si » habiles, et où l'excellence de la nature semble prévenir » tous les jours celle de l'éducation, ne nous fait pas de » nos désirs de vaines prédictions : déjà s'ouvrent à nous » de si douces espérances, déjà nous voyons briller de loin » les premières lueurs de notre prospérité future.

» Vous nous avez affligés, grand Dieu! Essuyez enfin

» les larmes que tant de fléaux, que vous avez versés sur » nous dans votre colère, nous font répandre. Faites suc- » céder des jours de joie et de miséricorde à ces jours de » deuil, de courroux et de vengeance. Que vos faveurs » abondent où vos châtiments avaient abondé, et que cet » enfant si cher soit pour nous un don qui répare toutes » nos pertes!.... Nous ne vous demandons pas qu'il de- » vienne le vainqueur de l'Europe; nous vous demandons » qu'il soit le père de son peuple... Qu'il ne sente les sou- » cis de la royauté que par sa sensibilité aux misères publi- » ques, et que sa piété, plus encore que sa puissance et ses » victoires, fasse tout son bonheur et le nôtre! »

Sous l'impression de ces paroles, nous n'ajouterons plus qu'un mot pour exprimer une pensée de votre cœur.

Vous ne regrettez pas les splendeurs du trône, vous devinez et savez par l'expérience des vôtres, tout ce qu'elles cachent d'épines et d'amertume. Que la France soit heureuse, respectée des nations, voici votre vœu le plus cher! Les sentiments du Français ont effacé les souvenirs du prince; et nous aimons à répéter avec vous, au sujet du traité Brunow, ces mots, écho de toutes nos gloires et de la fierté nationale :

« Mon cher comte, que pensez-vous du cadeau de chan- » cellerie que l'Angleterre a envoyé à la France pour la » Saint-Henri? Un Bourbon aurait répondu avec le canon

» de Rocroi et d'Austerlitz : Ah ! pourquoi ne puis-je pas
» mettre le feu à la mèche ! (1).

(1) *Extrait d'une lettre adressée d'Allemagne à la* Gazette du Centre.

CHAPITRE XIX.

La question d'Orient par rapport aux événements actuels. — Aperçu rétrospectif de la révolution opérée dans nos relations extérieures depuis 1830. — Intérêt qu'offre à la France le maintien de la puissance du Pacha. — Quel sera son rôle dans la nouvelle phase qui se présente. — Les conséquences funestes qui en résulteront pour l'avenir. — But de l'Angleterre et de la Russie. — Le système des Royalistes pouvant seul assurer à la France gloire et prépondérance en Europe. — M. Thiers, — Sa marche, — Le jugement qu'il faut en porter.

Pendant que l'imprimerie reproduisait lentement nos idées, les événements marchaient. Parfois, quand de sombres pronostics s'étaient placés sous notre plume; en garde contre nos idées personnelles, avons-nous essayé d'y faire trêve un instant avec les pompeux programmes du pouvoir. La logique est une jouteuse terrible, en vain on la dissimule sous d'indignes et honteux artifices ; elle prévaut sur tous les mensonges. A sa lumière disparaissent, telle qu'une feuille de papier consumé, les stériles combinaisons.

Cette question d'Orient pour laquelle, en plusieurs occasions, sortant de notre obscurité, nous avons sonné le tocsin, surchargé le présent et l'avenir de ses périls. L'orage que nous avions signalé a lancé le brûlot propre à enflammer le monde. La vieille Europe semble prête à délaisser le champ du repos ; une nouvelle distribution des peuples sortira de ce mouvement.

Les traités de Vienne, en 1815, furent une tentative de Restauration, plutôt qu'une refonte de l'Europe. Toutes les grandes puissances eurent une large part de villes, de territoire, dans le dépècement du colosse napoléonien (1). L'Angleterre y fut la plus violente instigatrice de tout ce qui s'y manifeste de haine, de partialité, d'injustice contre nous. Fidèle à ce rôle, elle ne cesse de faire échec à l'honneur français, à tout développement de sa puissance. La légitimité ne put se résigner à la répudiation de souvenirs glorieux. Elle osa entrer fièrement dans la voie qui pouvait seule replacer la France dans les conditions nécessaires à sa puissance. Elle ne se laissa effrayer ni par ses ennemis présents, ni par ceux qui pourraient le devenir. Cadix et Alger en sont d'éclatants témoignages. Une alliance étroite entre le cabinet des Tuileries et celui de Saint-Pétersbourg nous eût réintégré dans la possession de nos frontières.

(1) Cet Ouvrage, commencé sous l'inspiration de M. de Châteaubriand, ne saurait mieux être terminé que par des considérations où ce grand homme d'état, avec cette profondeur de vues, cette prescience de l'avenir qui le caractérisent, trace la direction qu'il importait de donner à notre politique extérieure. (*Voir la note à la fin du volume.*)

Vient la Révolution, la Russie se fait dédaigneuse envers le Palais-Royal, elle devient le pivot d'une grande confédération européenne. La France reste seule avec l'Angleterre pour alliée.

La politique grande de la Restauration, dont avait pris tant d'ombrage le cabinet de Saint-James, explique son empressement à faire accueil à la Révolution. Son œil exercé avait deviné d'avance tout ce qu'aurait de faible et de peu dangereux le nouveau pouvoir qu'il prenait sous son patronage, car ainsi que l'a dit M. le baron Guirand : « N'était-il pas évident qu'un nouvel intérêt dynastique » obligé de solliciter en son propre nom, se montrerait bien » moins exigeant au nom de la France ? »

L'étincelle de Juillet, après avoir embrasé l'Allemagne, des bords du Rhin à ceux de l'Elbe, ne servit qu'à consumer les libertés et les constitutions. On avait fait une Révolution, on avait répudié tous les avantages dont la branche aînée des Bourbons était le symbole. Du coup se brisaient toutes les alliances sur lesquelles doit s'appuyer un grand peuple. Tremblant, n'osant accepter les nouveaux points d'appui qui s'offraient, on restait isolé. On venait de renverser le passé qui nous ralliait aux monarchies ; par une inconséquence inouie, on tuait l'avenir qu'offraient les sympathies des peuples.

La Pologne est jetée par terre, impuissante désormais, sous le talon du Czar. L'Italie est réduite à crier merci à l'Autrichien, de s'être réveillée à la vue du drapeau tricolore. De nouvelles ordonnances de juillet viennent enchaîner de l'autre côté du Rhin l'esprit constitutionnel. Les mesures de la diète de Francfort changèrent l'état politique de l'Allemagne, pour en faire un bastion et une colonne d'attaque destinés à battre en brèche les principes de juillet.

En vain, pour calmer les irritations de l'opinion publique, n'a-t-on cessé de présenter au pays le leurre décevant de l'alliance anglaise. Alliance purement factice, achetée et maintenue par les plus durs sacrifices. Il y avait antipathie entre ces deux intérêts. Il était impossible que cette jonglerie ne se dénouât pas par une rupture éclatante.

Nous n'avons plus d'alliés en Europe ; la Révolution les a tous transformés en ennemis. Séparés de l'Angleterre par la nature impérieuse des situations, nous le sommes encore des puissances monarchiques par toute la largeur d'une révolution.

Un de ces hasards providentiels, qui semblent avoir été créés pour réparer les fautes de la funeste politique de Juillet, avait placé à l'entrée de l'Orient un homme qui a su élever un Empire avec le double levier de la civilisation et du génie.

Il est tout à la fois législateur et guerrier ; ses instincts, le sentiment vrai de son intérêt le portent vers la France. C'est des idées françaises qu'est sorti le germe de sa grandeur ; de ce côté, aucune rivalité, des intérêts qui peuvent s'embrasser sans se nuire.

Hé bien ! l'Angleterre, cette éternelle ennemie de la France veut la priver de tous ses avantages. Aujourd'hui qu'elle n'a plus rien à attendre de nous, que, grâces à la faiblesse de notre Gouvernement, elle s'est assuré tous les points d'appui, notre bouclier en cas d'attaque, notre escorte pour l'offensive ; elle nous délaisse tout d'un coup et nous place en face des mystifications et de la risée du monde.

En présence des armements, de l'attitude menaçante de l'Europe, de l'invasion de la Russie et de l'Angleterre débordant bientôt sur l'Egypte et la Syrie ; le Gouvernement aura-t-il le courage de sa situation ? Sera-t-il sensible à l'affront ? Le dévorera-t-il en silence ? Le système de la paix à tout prix tiendra-t-il nos soldats dans leurs casernes, nos vaisseaux dans nos ports ? Voilà ce que l'on se demande de toute part.

Nous désirons nous tromper, mais en observant l'esprit du Gouvernement, ses actes depuis dix ans, ses fictions belliqueuses qui se gardent bien de devenir jamais une réalité, et par-dessus tout cette pensée égoïste, froide, poltronne, qui pèse sur le pays, nous croyons qu'on ne fera pas la guerre.

Le pouvoir est complètement séparé de la Nation : ce

qui le préoccupe, c'est le moyen de se maintenir dans les avantages qu'il procure. Ce qui touche la Nation est secondaire, chose indifférente. Quoi ! ces canons si souvent tournés contre des citoyens, vous n'osez les braquer contre ceux qui vous insultent, bien pis que cela, insultent la France, en la chassant de toutes les questions ! Qu'est-ce qu'un état de choses qui l'a acculée dans un si déplorable et honteux défilé ?

Sera-ce donc avec raison que le *National* s'est écrié, il y a quelques jours : « Quelque lâcheté se prépare ; on parle, » l'on n'agit pas. » En vain on fait des promenades d'hommes dans l'intérieur ; en vain l'on prodigue les millions par centaines, en travaux, en bastilles contre Paris, sous prétexte de le fortifier, en achats de munitions ; il n'en est pas moins vrai qu'au fond d'une pensée immuable est la résolution inébranlable d'échapper à la guerre *quand même*. Cette conviction, nous la puisons dans les enseignements du passé. Il sera de l'appui efficace promis par M. Thiers pour soutenir le Pacha, ce qui fut de la promesse solennelle de la nationalité polonaise. Certes, la cause de la Pologne, cette sœur bien-aimée, était plus populaire cependant que celle de Méhémet. Après de ridicules protestations, le Gouvernement but, sans sourciller, la honte d'être comparé à cette héroïne d'un poème burlesque, qui supportait les derniers outrages en disant : Du moins je n'y ai pas consenti. Le lâche abandon de la Belgique, le mensonge d'Ancône, le sacrifice de l'Espagne et du Portugal à l'Angleterre, oh ! voilà de tristes prémisses. Comment l'Europe ne prendrait-elle pas en pitié l'attitude guerrière de gens qui n'embouchent la trompette avec fracas que pour dissimuler leurs projets de couardise ?

Disons-le, si nous attachons une si grande importance à la question d'Egypte, c'est que nous voyons de ce côté développement naturel de notre commerce, et surtout une borne opposée par le génie à l'envahissement et au débordement de la puissance anglaise sur la Méditerranée.

La possession de l'Algérie, cette France africaine, nous impose de maintenir Alexandrie en dehors de l'action de la Grande-Bretagne, dans les conditions de force et d'indépendance qui importent à la sécurité du présent, au développement de l'avenir.

Le Pacha, c'est le boucher de la France contre l'Angleterre dans la Méditerranée. Qu'il soit affaibli, que l'Angleterre puisse s'emparer de la route des Indes, c'en est fait de notre puissance politique, de notre commerce sur la mer où ils pourraient dominer. En vain les flots de la Méditerranée, ce lac tout français, viennent baigner nos rivages et solliciter les produits de notre industrie, nous ne pourrons plus y voguer que comme les vassaux de l'Angleterre. En Orient, comme en Espagne, en Portugal, en Belgique, ce sont des mains françaises qui auront assuré la suprématie, laissé prendre le pas aux intérêts britanniques.

Lorsqu'à la nouvelle du traité du 15 juillet, le ministère poussait le cri d'alarme, lorsqu'il réveillait les instincts belliqueux de la Nation, lorsqu'il faisait appel à ses forces, c'était seulement pour accorder une satisfaction fictive à l'opinion publique qui se redressait si énergiquement contre l'outrage et le guet-apens de notre perfide alliée, l'Angleterre.

Mais honte ! toutes ces démonstrations seraient-elles seulement de vains simulacres, de fallacieux semblants jetés à l'opinion publique, tel le mensonge belliqueux d'Ancône? Pendant que l'on joue la bravoure en France, on est à genoux devant nos provocateurs. Peut-on en douter en suivant cette série d'humbles attitudes, si contradictoires avec le bruit de guerre qu'on répand à l'intérieur? Lord Palmerston nous a fait connaître l'engagement contracté par le cabinet du 1er mars, de ne *point prendre fait et cause pour Méhémet, de ne faire la guerre dans aucun cas.* A cette accablante affirmation, quel démenti a-t-on osé produire? Aucun.

Puis, ce mémorandum de M. Guizot, qui vient de nous être révélé, donne la mesure de toutes les forfanteries que l'on affiche; jouet ridicule que prennent en pitié ceux auxquels on le présente.

Jamais pareil exemple de défaillance n'avait été présenté au monde. Le Pacha se voyant seul contre ses formidables ennemis, a fait sa soumission, consentant à accepter les conditions du traité.

L'Angleterre et la Russie se tiendront-elles pour satisfaites de cette résignation, et en s'embrassant n'avaient-elles d'autre but que le maintien, l'intégrité de l'empire Ottoman ?

Le Gouvernement de la paix, à tout prix, aurait-il le courage effronté de se targuer de ce résultat ? Mais hélas ! pour qui ne s'arrêtant pas à de mensongères apparences va droit au fond des choses, l'appréciation de la véritable position de la Russie et de l'Angleterre est le thermomètre de l'avenir qui se prépare.

Chaque fois qu'il nous faut aborder une question extérieure, nous sommes sûr de trouver la vieille ennemie de notre puissance.

Après la spoliation de nos possessions, dans les Indes, les Amériques, les Antilles, la Méditerranée qui baigne une si grande étendue de nos côtes nous restait forcément ouverte. Jadis les fleurs-de-lis avaient décrit une vaste chaîne qui, embrassant les rivages d'Espagne, de Naples et de la Sicile, allant par Malte rejoindre la Turquie, cette ancienne alliée de nos Rois, donnait à la France, sur la Méditerranée, cette prépondérance dont semble vouloir nous déshériter la Révolution.

Nous l'avons dit, Alger pouvait devenir le pivot méditerranéen, qui, relié à l'Egypte, devait nous réintégrer dans l'empire du beau bassin de mer dont nous sommes le centre. La puissance qui s'est établie sur les ruines de toutes les autres a formé, dans la Méditerranée, un vaste réseau par Gibraltar, l'usurpation de Malte et Corfou, la captation des échelles du Levant, la destruction de Gènes et de Venise. A l'aide du butin d'abris, de ports, de comptoirs conquis ou usurpés sur toutes les puissances, elle semble avoir, pour ainsi dire, mis toutes les terres en blocus. Comme complément de sa formidable position, cette puissance veut dominer l'Egypte, tenir sa destinée dans ses mains, au préjudice de la France, ainsi arrêtée dans la seule voie ouverte à son développement maritime.

L'usurpation des clés de Suez, qui ouvrent la porte des Indes, est le dernier mot de sa pensée. Grandir toujours sur l'abaissement de la France, telle fut, telle sera toujours la politique de l'Angleterre.

Pour que le Gouvernement laisse ce déplorable résultat s'accomplir, il faut que la fortune de la France soit livrée poings et mains liés à l'ambition de son ennemie. Le temps est-il destiné à révéler cette honte ?

Oh ! plutôt que d'être ainsi déchue, déshonorée, mieux vaudrait combattre, combattre jusqu'à la mort !

Ainsi, on le voit ; il y a pour nous, dans l'indépendance de l'Egypte, une question vitale qui touche à nos plus graves intérêts politiques et commerciaux.

Laisser l'Angleterre prendre pied en Egypte, c'est consommer notre déchéance maritime ; il ne nous resterait plus qu'à abandonner l'Afrique *et enclouer sur toutes nos côtes les canons inutiles qui les défendent, en signe de détresse, de honte et de résignation* (1) *!*

. . . .

L'intérêt anglais marche donc au protectorat de l'Egypte, comme l'intérêt russe à la domination du Bosphore.

Pousser de plus en plus vers Constantinople, prendre position sur la mer Noire, accoutumer les populations mahométanes à l'idée de sa domination, ne gardant même plus cette enveloppe de précautions que dédaigne la force : telle a été la marche du dernier. Le moment est pour lui plus favorable qu'il ne le sera jamais. L'alliance anglaise, ce mensonge de Juillet, est rompue. Le Czar affecte un profond dédain pour le nouveau Gouvernement, qui est établi en France ; il ne reculera donc pas ; il poussera en avant, il se jettera joyeux et avide sur l'occasion qui se présente, telle la proie convoitée. Jamais plus magnifique prise de possession ne saurait se présenter pour lui.

. . . .

Et l'Angleterre qui a fait ce premier pas si décisif, et l'Angleterre qui a rompu en visière aux caresses de Juillet ; et l'Angleterre qui n'a cessé d'observer avec inquiétude chaque révolution civilisatrice du Pacha ; l'Angleterre poussée par le double mobile de frapper la France par l'abaissement du Pacha, pour nous fermer tout moyen de développement, tout débouché, tout avantage de ce côté, et de frapper de mort le pouvoir qui s'annonce

(1) Belles paroles de M. le baron Guiraud, dans une lettre adressée à la *Gazette de France*.

assez robuste, pour lui barrer la route de ses immenses possessions de l'Inde ; croit-on qu'elle revienne sur ses résolutions, qu'elle s'arrête lorsque l'occasion se présente d'accomplir le brillant rêve auquel elle s'est attachée ?

La Russie qui, outre les immenses moyens de conquête qui lui sont propres, traîne à sa suite l'Europe continentale ; l'Angleterre souveraine des mers, iront droit, non-seulement au but proclamé par le traité, mais peut-être à leur but réel, qui est le protectorat de l'Egypte pour l'une, le protectorat de Constantinople pour l'autre, chacune tenant enchaîné son vassal et pouvant le faire disparaître à son gré.

Ce point bien compris nous amène à conclure, non l'exécution du traité Brunow, qui pourrait en douter? mais que les deux puissances intéressées iront au-delà des concessions exigées d'abord de Méhémet, et prendront position de telle sorte qu'un principe de mort sera attaché au pouvoir du Pacha, et qu'Abdul-Medjid tombera plus avant dans les bras de son redoutable tuteur, le Czar.

Le terrible canon de Beyrouth, faisant un monceau de ruines d'une des villes les plus importantes de la Syrie, est venu donner la terrible sanction du fait à ces pronostics (1).

(1) L'impression d'un livre ne peut suivre la rapidité des événements. Aussi, est-ce seulement dans la *Gazette du Centre,* que l'auteur a suivi le développement de cette question d'Orient. *(Voir* 22 *août,* 5 *septembre,* 3 *et* 10 *octobre* 1840.)

Au seuil de la route, l'Angleterre et la Russie ont jeté le masque.

En vain, Méhémet a offert d'accepter les conditions, objet du traité de Londres. A cette tentative de conciliation, on a répondu avec le canon et l'obus, et partout s'organise une guerre terrible contre celui qui a eu le malheur d'ouvrir les bras à la France. Sa modération elle-même lui est imputée à crime. Les flottes de l'Angleterre et de la Russie n'en poursuivent qu'avec plus d'ardeur le blocus de toutes les côtes de la Syrie, et par un coup décisif se disposent à frapper le Vice-Roi au centre de sa puissance, en bombardant Alexandrie.

Alors que la préface du partage de l'Empire ottoman se déroule claire, intelligible pour tous, que fait le Gouvernement français? L'historien rougira lorsqu'il sera obligé de retracer ce souvenir.

L'amiral Hugon, commandant de nos forces navales, reçoit ordre d'éviter toute collision. Et, pendant que l'on se bat, que nos ennemis rougissent la mer de leur feu, font crouler les remparts de notre allié, nos vaisseaux de guerre se promènent dans le labyrinthe de l'Archipel Grec, où ils ne risquent pas de rencontrer des bâtiments anglais ou Russes.

Est-ce pousser l'humiliation assez loin? Est-ce abdiquer assez complètement l'honneur national, toute influence sur le présent, toute prépondérance sur l'avenir?

Accepter l'humiliation, être chassé de la plus grave question qui commande à l'avenir du monde; au malheur d'être placé dans des conditions solitaires, d'être sorti du lit des principes protecteurs et glorieux, joindre la honte d'être jeté à la porte de la question la plus vitale du présent, de l'avenir, c'est se déshonorer.

Par la distribution de l'Orient, en dehors de la France captive dans les traités de 1815, pendant que la Russie s'assiéra sur le Bosphore, l'Angleterre sur la mer Rouge, notre nation, privée de ses frontières, exposée sur la Méditerranée au canon de Gibraltar, des Iles Ioniennes, de Corfou, de Malte, éconduite encore de la Syrie, de l'Egypte, de l'Arabie, suspecte à toute l'Europe, se trouvera, dans un temps donné, en face d'un partage.

Le danger serait d'autant plus grand que l'arrangement des affaires du monde, sans qu'elle y fût intervenue, ne lui ménageant plus de moyens de diversion, elle viendrait tomber sous le joug, sans que l'héroïsme de ses soldats pût la racheter de cet effroyable naufrage, conséquence des prémisses posées par une inintelligente, une lâche politique.

En d'autres termes, le courage d'une Nation a besoin de s'étayer sur des points d'appui matériels, sur l'intelligence des moyens, la combinaison de forces positives. Nous croyons à des prodiges de la part du peuple français; mais il faut qu'il soit secondé par son Gouvernement. Ce n'est pas lorsqu'on est au fond du précipice qu'il faut lutter contre son ennemi.

La Révolution de Juillet nous a fait une déplorable situation en Europe. Les divers événements qui se sont succédé n'ont fait que l'aggraver. En voici un qui marque un de ces moments décisifs qui commandent toute la destinée d'un peuple. La Restauration n'eût jamais été réduite à cette extrémité. La Russsie tendait vers elle, et en toute circonstance était disposée à lui faire une large part. Depuis 1830, l'Angleterre a tourné la situation ; après avoir eu de nous ce qu'elle avait vainement tenté d'obtenir sous les Bourbons de la branche aînée, elle a fait son pacte avec la Russie. Encore une fois, que fera la France ? Placée entre la guerre avec le monde ou la dégradation, il n'y a pas moyen d'hésiter. Cette situation était dans les flancs de 1830. La rupture des alliances devait tôt ou tard amener forcément la guerre. Mais entre les maux qu'elle impose et la déchéance nationale, entre les sacrifices et la honte, entre une tranquillité de quelques jours et une invasion pour l'avenir, mieux vaut pour la France le combat, alors qu'il est glorieux, que de le subir plus tard, flétrie et dégradée.

Après avoir déterminé le Pacha à résister à l'injonction des puissances, nous aurions l'ignominie de le livrer à lui-même, la barbarie de le laisser se consumer dans le désespoir de son énergie !

Puis, notre dernier allié vaincu ; l'Angleterre ajoutant à son magnifique collier de ports, d'abris, de possessions maritimes, les dépouilles de l'unique ami de la France, ricanera de notre déchéance accomplie à jamais sur la Méditerranée!

Ah! si c'est pour arriver à un pareil résultat qu'on met le pays en dictature, qu'on fait des levées d'hommes, des dépenses exorbitantes, ne nous étonnons pas de l'élévation des forts détachés, car il faut bien embastiller l'indignation publique.

Hommes qui avez battu des mains à la Révolution, vous félicitez-vous encore? Que sont devenues ces espérances, ces gloires, ces prospérités, dont vous en aviez fait le symbole? Nous avons essayé l'autopsie de tous ces cadavres. Au seuil de notre route, nous avons trouvé les doctrinaires faisant les funérailles des libertés publiques; brisés par tant de déceptions, nous avons cru un instant à M. Thiers, tout suspect que nous le tenions, le courage et la volonté de se montrer au moins Français. Arrivé au dernier terme, nous avons la douleur de voir l'honneur national mis au même rang que les franchises et les libertés; la France est traînée sur la claie, et ceux qui la représentent ne connaissent ni l'indignation, ni la rougeur. Patriotisme, nous vous cherchons vainement dans les hautes sphères. Il n'est plus là, il est relégué dans les campagnes, au fond de nos provinces, dans les vieux manoirs et dans les chaumières. Là, il se trouve des cœurs prêts à s'enflammer à ces mots: Honneur, patrie. Les instincts nationaux ne se retrouvent plus que dans les deux opinions extrêmes, la gauche et la droite. La gauche n'est pas assez dégagée des passions tumultueuses ; dans ses plus généreux mouvements se révèle une brutalité farouche. Les Royalistes sont les seuls qui ne séparent pas l'amour de la patrie, les sacrifices qu'ils sont prêts à accomplir, des idées d'ordre intérieur. Ils ont la véritable nationalité, les principes de liberté sans convulsion, sans secousse, appuyés sur une base incontestée. Eux seuls sont en dehors des convoitises de l'ambition ; ils ont le principe, la foi, le droit, qui accomplissent les grandes choses. Les théories républicaines ont bouleversé la France, et l'ont mise à deux doigts de sa perte ; les efforts des hommes de milieu n'ont abouti qu'à la couvrir de honte ou à la placer dans une voie de perturbations intérieures, et dans ce lit dégradé sur lequel tombent les insultes de l'Europe. Les Royalistes ont l'abnégation, source du patriotisme, et naguères, n'est-ce pas de leur rang que sont partis les premières offres, tribut du dévouement au pays menacé? Quand ceux qui les ont chassés auront gravé au frontispice de l'histoire, de pareils témoignages ; quand, dans tous les coins de l'Univers, ils auront planté des trophées immortels ; quand, au sein de la patrie, apparaîtront les traces fécondes de généreuses institutions, alors seulement ils auront droit de cité au pouvoir.

Mais, si l'exil de trois générations de Rois n'a eu d'autre résultat que la dévastation des lieux saints, des croix brisées, les pavés de nos villes rougis par le sang, la ruine sillonnant le pays, telle qu'une traînée de poudre, la perte de notre prépondérance en Europe ; ne nous est-il pas permis de vous demander vos comptes ? Quand on renverse un Gouvernement, il y a obligation de faire oublier les malheurs qu'entraîne sa chute, par de la gloire, ou de procurer au pays une plus riche moisson de libertés ou de bonheur. Hors de là, qu'est une révolution? A défaut de bon sens public, l'histoire, l'impartiale histoire se charge de le dire.

Les événements qui nous ont surpris coupant ce chapitre en lambeaux, ne nous ont pas permis de l'écrire avec la méthode qui s'attache à un sujet élaboré à loisir.

En finissant, disons toute notre pensée, posons nettement la question.

Mettra-t-on l'intéret au même rang que l'honneur? Se décidera-t-on sans remords à une lâcheté pour laquelle le présent n'aurait pas assez de malédictions, l'avenir assez de flétrissures? Consommera-t-on avec impassibilité la ruine de Marseille, de Toulon, de notre marine, tout en établissant le principe qui doit entraîner la désertion d'Alger, la mise en interdiction de 80 myriamètres de côtes?

Démembrés au nord et à l'est, traqués par les Pyrénées relevées de nouveau contre nous, n'étant plus protégés par les Alpes, veut-on nous murer encore au midi?

Oh! si cela s'accomplissait, il n'y aurait plus de France! Son honneur et sa puissance, emportés dans le même naufrage, s'offriraient bientôt, débris flottants, à la risée de ses ennemis.

Serait-ce pour arriver à tant de honte et d'abaissement qu'on embouche la trompette guerrière, afin de donner le change à la sollicitude nationale? Serait-ce pour arriver à cette borne fatale, qu'on se met en train de dévorer le dernier écu du pays?

Oh! s'il en était ainsi, M. Thiers, malédiction sur vous, malédiction sur vos complices! car alors, de deux choses l'une : ou la France sera envahie, divisée, opprimée par la force; ou, sans point d'appui, il lui faudra subir tous les outrages, toutes les exigences, ne comptant plus ni pour la paix, ni pour la guerre, ni pour les priviléges du commerce.

Voyez la potence à laquelle l'histoire attache les félonies et les infractions à l'honneur national! Puisse votre popularité n'être pas une amorce trompeuse, un instrument de perdition! Marchez droit où vous appellent les vigoureux instincts du pays, sa dignité outragée, ses priviléges méconnus. On ne joue pas plus la postérité qu'on ne donne le change à l'opinion publique. Plus terrible par la compression qu'on lui fait subir, c'est la machine à vapeur qui fait explosion et sillonne le rivage de ruines.

» Dans le cabinet ou sous la tente, l'important est que nous soyons à même de faire modifier de gré ou de force les odieux traités de Vienne, de rétablir l'équilibre rompu entre nous et les grandes puissances.

» La faute immense du congrés de Vienne est d'avoir mis un pays militaire, comme la France, dans un état forcé d'hostilité avec les peuples riverains.

» L'Angleterre a conservé presque toutes les conquêtes qu'elle a faites dans les colonies des trois parties du monde, pendant la guerre de la Révolution. En Europe, elle s'est nantie de Malte et des îles Ioniennes ; il n'y a pas jusqu'à son électorat de Hanovre qu'elle n'ait enflé en royaume.

» L'Autriche a augmenté ses possessions d'un tiers de la Pologne, des rognures de la Bavière, d'une partie de la Dalmatie et de l'Italie. Elle n'a plus, il est vrai, les Pays-Bas, mais cette province n'a point été dévolue à la France.

» La Prussse s'est agrandie du duché de Posen, d'un fragment de la Saxe, et des principaux cercles du Rhin ; son poste avancé est sur notre ancien territoire.

» La Rusie a recouvré la Finlande et s'est établie sur les bords de la Vistule.

» Et nous, qu'avons-nous gagné à ces arrangements?

» Nous avons été dépouillés de nos colonies ; notre vieux sol n'a pas même été respecté : Landau détaché de la France, Humingue rasé, ouvrent une large brèche dans nos frontières. Un combat malheureux à nos armes suffirait pour amener l'ennemi sous les murs de Paris. Paris tombé, l'expérience a prouvé que la France tombe. Ainsi, il est vrai de dire que notre indépendance nationale est livrée à la chance d'une seule bataille et à une guerre de huit jours. Le partage jaloux et imprudent du congrès de Vienne nous obligerait, dans un temps donné, de transporter notre capitale de l'autre côté de la Loire ou à pousser notre frontière jusqu'au Rhin. Ce n'est pas une absurde moquerie : la Hollande heureuse à Mons, pourrait venir coucher au Louvre. Les autres capitales de l'Europe, enfoncées dans leurs provinces, défendues par les places et les populations qui les couvrent, sont peu de chose, et lors même qu'elles sont prises, l'Etat auquel elles appartiennent n'est pas détruit. Il n'en est pas de même de la France, telle que les alliés l'ont faite.

» Nous ne savons si, dans le projet d'entourer Paris de forts détachés, il n'est pas entré quelque prévision des périls auxquels nous sommes exposés. Mais le remède serait pire que le mal : quelques forts étant pris, ils serviraient de point d'appui à l'invasion étrangère ; aucun accident n'arrivant, ces forts deviendraient le camp retranché des prétoriens.

» La pensée d'obtenir des frontières préservatrices par force ou par négociations n'était pas chimérique : nous avons montré dans une brochure de l'année 1831, que la France perdit alors une occasion qu'elle ne retrouvera plus; elle inspirait une terreur telle aux Rois, qu'elle eût tout obtenu sans coup-férir. N'avons-nous pas occupé Ancône à la grande gêne de l'Autriche? La Prusse n'a-t-elle pas porté respectueusement les armes à nos bombes pendant le siége d'Anvers, et admiré durant la nuit les paraboles lumineuses de nos projectiles? Ne s'est-elle pas intéressée à l'effet du mortier-monstre? M. de Metternich a dit que l'arrestation de l'archevêque de Cologne était un grand événement; il a raison en admettant que la France sût le voir et en profiter, qu'elle voulût conseiller et soutenir le Pape dans sa résistance légitime, qu'elle connût l'esprit allemand, et qu'elle entrât franchement dans l'intérêt religieux des provinces blessées.

» De véritables hommes d'état ménageraient la réunion à la France des cercles catholiques du Rhin, et prépareraient une transaction d'autant plus durable qu'elle aurait lieu par l'idée civilisatrice, la religion. A l'époque de la guerre d'Espagne, en 1823, nous n'aurions pas manqué d'aide pour un agrandissement réclamé dans l'intérêt du nouvel équilibre européen : Alexandre avait toujours cru qu'on nous avait trop dépouillés : serrée entre lui et nous, l'Europe germanique ne pouvait résister à de justes réclamations. Une fois redevenus puissants, au moyen de nos succès dans la Péninsule, il eût été aisé de ramener le Czar à ses anciennes notions d'équité ; on pouvait entraîner la Prusse, en reprenant l'arrangement de la Saxe, abandonnée au congrès de Vienne pour un pot-de-vin de 4 millions.

» Les preuves de notre aversion pour les traités de Vienne sont multipliées : on en trouve partout la trace dans nos discours et nos écrits avant la guerre de 1823. Après cette guerre, l'idée d'accroître utilement notre patrie ne nous a point quittés. Le *Mémoire sur les affaires d'Orient*, que M. le comte de Laferronnays nous demanda lorsque nous étions ambassadeur à Rome, reproduit la même opinion. Nous y disions : J'ai fait voir assez que l'alliance de la France avec l'Angleterre et l'Autriche contre la Russie était une alliance de dupe, où nous ne trouverions que la perte de notre sang et de nos trésors.

» L'alliance de la Russie, au contraire, nous mettrait à même d'obtenir des établissements dans l'Archipel, et de reculer nos frontières jusqu'aux bords du Rhin. Nous pouvons tenir ce langage à Nicolas : « Vos ennemis nous sollicitent; nous préférons la paix à la guerre ; nous désirons garder la neutralité ; mais enfin, si vous ne pouvez vider vos différends avec la Porte que par les armes ; si vous voulez aller à Constantinople, entrez avec les puissances chrétiennes dans un partage équitable de la Turquie européenne. Celles de ces puissances qui ne sont pas placées de manière à s'agrandir du côté de l'Orient, recevront ailleurs des dédommagements. Nous, nous voulons avoir la ligne du Rhin, depuis Strasbourg jusqu'à Cologne. Telles sont nos justes prétentions. La Russie a un intérêt (votre frère Alexandre l'a dit) à ce que la France soit forte. Si vous consentez à cet arrangement et que les autres puissances s'y refusent, nous ne souffrirons pas qu'elles interviennent dans votre démêlé avec la Turquie ; si elles vous attaquent malgré vos remontrances, nous les combattrons avec vous, toujours aux mêmes conditions que vous venez d'exprimer.

» Voilà ce qu'on peut dire à Nicolas; jamais l'Autriche, jamais l'Angleterre ne nous donneront la limite du Rhin pour prix de notre alliance avec elles. Or, c'est pourtant là que, tôt ou tard, la France doit placer ses frontières, tant pour son honneur que pour sa sûreté. »

APPENDICE.

LE RÉGICIDE DANS LA RÉVOLUTION.

Toujours les événements les plus inattendus. Le moyen de courir d'un bout du monde à l'autre, de réunir tous les anneaux de cette vaste chaîne qui se déroule pleine de mystères, toujours plus terribles.

Voici une nouvelle tentative d'assassinat sur Louis-Philippe. L'attention publique, si vivement préoccupée des grandes questions pendantes à l'extérieur, et des symptômes sinistres qui se manifestent au-dedans, est restée sans émotion.

Cependant, sous la réussite d'un tel acte, il y avait un abîme dont aucun œil humain ne saurait sonder la profondeur.

Quelle cause incessante, quelle effroyable logique, viennent périodiquement dresser le même crime contre la société ?

A quelle distance nous sommes des espérances, de l'enthousiasme qu'excitait l'établissement du 7 août ! C'était du délire, et un délire furieux; il fut court. L'anarchie, en levant la tête, glaça d'effroi tous les cœurs. L'épouvante développa une réaction du sentiment monarchique. La classe moyenne se débarrassant du bagage révolutionnaire, se rattache au principe qu'elle avait si long-temps outragé, comme au seul moyen de garantir la liberté et l'ordre social.

Chose remarquable, qui accuse bien l'impuissance humaine, tout en révélant la sagesse de ces sublimes paroles: *L'homme s'agite et Dieu le mène!* Louis-Philippe, qui n'avait pu monter sur le trône que par l'exil du principe et de la vérité monarchiques, est l'instrument providentiel qui vient essayer d'y rattacher une société, qu'a battue en brèche, tel qu'un bélier, le système révolutionnaire.

Napoléon l'avait précédé dans cette voie; mais dans la préoccupation et la stupeur produites par les grands événements militaires, à peine a-t-on remarqué ce côté de la pensée impériale. Ainsi que Napoléon, Louis-Philippe n'a cessé de marcher au rétablissement de l'ordre social greffé sur sa dynastie. A-t-il compris cette grande mission? C'est ce qu'il ne nous est pas permis de juger.

A la popularité du Roi citoyen, a succédé un esprit de haine et de vengeance. Le fanatisme et le mépris de la morale sont en proportion croissante. Six tentatives d'assassinat en dix ans, c'est ce que n'avaient point présenté les plus mauvais jours de nos annales.

La Révolution, et l'esprit révolutionnaire ont un compte terrible à rendre. L'assassinat à ses époques marquées et son étiquette en dépit des plus terribles lois. La législation draconienne de septembre a été saluée par les attentats d'Alibaud, de Meunier, de Darmès. Ce n'est donc pas avec des lois et des sergents-de-ville qu'on peut rendre au calme une société révolutionnée. La doctrine de la dépossession des Rois conduit d'abord à leur assassinat juridique, ensuite à leur assassinat par le poignard et le plomb.

Et, que ce ne soit pas dans le ministère de M. Thiers, plus que dans celui de M. Guizot, qu'on aille chercher la cause de ces crimes. Cette cause domine à la fois toutes les nuances de la Révolution, et M. Thiers qui a fait démolir le monument du duc de Berry, qui a fait l'apothéose de la Montagne, cette mère prostituée du régicide; comme M. Guizot, qui a brisé l'inviolabilité royale, en exilant trois générations de Rois, n'ont pas moins contribué, l'un que l'autre, à l'intronisation des principes qui déchargent les carabines sur la personne du Prince.

Ainsi l'esprit révolutionnaire, voilà la cause des déplorables faits qui surgissent. Ils sont dans la situation elle-même, dans la logique irrésistible des principes proclamés, dans les mauvaises passions qu'ils surexcitent. Peut-il en être autrement, alors qu'au faîte apparaissent des hommes à principes fatals, ou dont la vie n'a été qu'une fluctuation continuelle entre les doctrines les plus opposées? Ces hommes, dont les uns sont comme le type du fatalisme révolutionnaire; les autres, véritables caméléons, dévoués tour-à-tour à l'empire, à la légitimité, à la quasi-légitimité, ne peuvent être fidèles qu'à leur ambition et à leur orgueil.

Voici la session qui va s'ouvrir. Jamais on ne s'était trouvé en face de si graves événements. Le ministère Thiers vient de tomber devant la résistance de la couronne, récusé comme trop belliqueux. Où en sommes-nous, grand

Dieu? Ou s'arrêteront les prostitutions de l'honneur national? Voici que l'on vient imposer à la France des hommes, symbole honni de la paix à tout prix. C'est là un digne dénoûment de la comédie guerrière. Elle est glorieuse, votre politique! Il est beau, votre courage. Français, prosternez-vous!

Mais ceux qui se disputent le pouvoir s'émeuvent peu de ce qui est question nationale. Les avertissements que donne la Providence sont perdus pour eux. Les doctrines qui ont dirigé la main de Darmès sont au pouvoir. Elles ont profané la religion, ses ministres, outragé la grande race de Saint-Louis, semé la discorde et l'anarchie au sein de la Patrie, encouragé la félonie, provoqué, soldé la désertion dans les régiments, répandu le sang français, amoncelé les cadavres.

Elles préludaient ces doctrines, à leur règne, en poussant la populace vers Saint-Cloud et Rambouillet, le refuge des royales infortunes, en outrageant les cheveux blancs d'un vieux monarque chevalier, en immolant tout à la fois et le vieillard et la jeunesse innocente et pure.

Voici l'histoire de quelques-unes de leurs ruines. Il n'y a pas d'ordre à attendre des principes de désordre. Une fois que le génie des Révolutions a planté sa bannière victorieuse, toutes les passions haîneuses et violentes, toutes les vengeances, toutes les cupidités, toutes les perturbations envahissent la lice.

Oh! puisse notre malheureuse Patrie être préservée de l'abîme vers lequel, hommes et principes menacent de la précipiter!

FIN.

www.ingramcontent.com/pod-product-compliance
Ingram Content Group UK Ltd.
Pitfield, Milton Keynes, MK11 3LW, UK
UKHW020204250726
13967UKWH00003B/1249

9 782011 787101